HISTOIRE

DE LA

VILLE DE CAEN.

CAEN, IMP. DE PAGNY, RUE FROIDE, 25.

HISTOIRE

DE LA

VILLE DE CAEN

ET DE

SES PROGRÈS,

PAR

G. MANCEL ET C. WOINEZ.

Caen,
CLÉRISSE, LIBRAIRE-ÉDITEUR,
RUE DU MOULIN, 2.

—

1836.

PRÉFACE.

La politique au jour le jour, la politique vétilleuse et tracassière que nous a léguée la restauration a pourtant eu cela de bon, qu'elle a forcé aux études historiques. Les écrivains des derniers siècles avaient rapporté les faits éloignés suivant les passions de leurs époques, et on les trouvait admirablement disposés pour servir aux passions du moment. Chacun voulant faire usage des *leçons de l'histoire*, afin de foudroyer ses adversaires, avait en réserve un événement tout prêt pour le leur jeter au visage. Partisans du gouvernement, opposition, doctrines nouvelles, avaient là un arsenal où ils venaient prendre à l'envi des armes terribles.

La polémique de ce genre était tout-à-fait commode.

Mais il arriva que les hommes, guidés d'abord vers ces recherches par l'esprit de parti, se prirent d'amour pour leur travail ; ils ne tardèrent pas à voir que les routes tracées jusqu'à ce jour étaient fausses, et conduisaient directement à l'absurde. « L'histoire est le bréviaire des rois, » avait-on dit. « A la manière dont les rois gouvernent, » avait répondu un philosophe, on voit bien que » leur bréviaire ne vaut rien. » Et, en effet, on reconnut, d'après ses enseignements, un chaos mal digéré et sans direction, dont la chronologie même n'était pas toujours vraie.

On s'aperçut que l'histoire n'était pas une simple collection de fastes et d'observations, dont on dût étudier les causes et les effets dans le but unique d'en tirer des préceptes en pareille occasion ; elle n'était pas non plus un simple recueil de scènes dramatiques propres à amuser l'imagination. La tendance des sociétés vers le mieux fut devinée, et l'on découvrit que des révolutions, semblables en apparence, ne pouvaient avoir ni le même sens, ni la même valeur, si elles avaient lieu à des époques différentes. — On se courba devant la loi de la perfectibilité indéfinie de l'espèce humaine.

La science fut transformée.

Devenue philosophique, elle se sentit une grave mission à accomplir, et prit un caractère rigoureusement exact. — Elle devenait la science de l'avenir ; elle permettait, par la juste appréciation des choses passées, de déterminer celles qui allaient suivre, de diriger et d'accélérer les progrès.

Dès lors les travailleurs se sont mis à l'œuvre.

Aucun peuple, appelé par eux à apporter son

contingent de documents pour arriver au but commun, n'a fait défaut, du moins tant qu'il s'est agi des anciens temps; mais, parvenus aux phases organiques de la civilisation moderne, les historiens ont été tout-à-coup surpris en rencontrant un obstacle infranchissable; ils n'ont pu traverser le labyrinthe immense de la féodalité : les villes, les bourgades, les fiefs, les confréries et les corporations même s'isolent, s'éloignent les uns des autres, et, prenant un caractère individuel, ne se laissent plus aborder qu'un à un. C'est en vain qu'en divisant leurs moyens ils ont tenté de les multiplier et de suivre partout les particularités des races, leurs mœurs, leurs influences; des subdivisions nouvelles venaient les arrêter dans leur marche embarrassée, et les égaraient encore. A peine ont-ils pu retrouver les généralités et les points les plus saillants pour établir des jalons et tracer quelques aperçus, obligés qu'ils étaient de tourner les difficultés, afin de parvenir plus promptement aux siècles où l'unité devenait perceptible sous toutes ses faces.

Ils avaient donc laissé leur ouvrage imparfait :

les détails manquaient là où ils étaient le plus nécessaires.

C'est alors qu'on a compris qu'il fallait recourir à une autre méthode. On a pensé que, par les monographies seules, on pourrait préparer de bonnes histoires nationales. Deux entreprises gigantesques : l'*Histoire des principales villes de l'Europe* et l'*Histoire de toutes les villes de France*, des livres, tels que ceux de MM. A. Guépin, de Nantes, et A. Floquet, de Rouen, témoignent de l'adoption de ce système, sans lequel on n'aura jamais que des analyses tronquées et des demi-résultats.

Mais il est de ces détails de lieux et de mœurs qu'un étranger ne saura jamais, qu'il ne saurait même comprendre. Il faut avoir long-temps vécu avec les hommes qui habitent ces lieux et qui ont ces mœurs pour les connaître; il est nécessaire d'être né dans un pays, et de s'être trouvé, pour ainsi dire, sans cesse face à face avec ses traditions pour les décrire, pour ranimer les générations éteintes, et marquer leurs analogies avec celles qui s'agitent actuellement sur la même terre, et foulent leurs débris sous leurs pas.

Ces considérations, plutôt que l'envie d'une publicité, qui, sans doute, ne s'étendra pas bien loin, nous ont décidés à entreprendre l'histoire de notre ville natale. Nous avons réuni nos efforts pour contribuer à l'érection du monument qui se prépare ; nous avons voulu apporter une pierre qui manquait à ses fondements, et que rien, dans le passé, ne pouvait remplacer.

Effectivement, les *Recherches* de M. de Bras, publiées en 1588, ont vieilli et sont devenues illisibles ; Huet n'a cherché que les *Origines* de Caen, et ne s'est pas étendu davantage ; l'abbé De la Rue lui-même, malgré ou plutôt à cause de son immense érudition, qui nous aura été bien des fois utile, n'a fait que des *Essais*. Ainsi que son prédécesseur, il ne s'est occupé qu'à fixer des dates et des origines ; tous les deux ont écrit sur les monuments, ont parlé des rues et des maisons, ont fait, en un mot, la dissection de l'ancien Caen ; mais ils n'ont rassemblé qu'une collection de matériaux qui devait faciliter la marche de ceux qui voudraient essayer une histoire complète, et les aider à se retrouver quand ils viendraient à se perdre au milieu d'une série de documents pénibles à débrouiller. Prétendre qu'après eux il n'y avait plus rien à dire, ce serait vouloir qu'après que l'anatomiste a soigneusement fouillé dans le cadavre d'un homme illustre avec le scapel, le travail du biographe devînt inutile, et que la vie de cet individu ne dût pas être racontée.

Et de fait, les villes ont une vie comme les êtres animés ; elle découle d'abord des événements, puis ensuite des progrès lents ou rapides, constants ou irréguliers des lumières. Comme dans l'existence des hommes, elle se révèle par deux actions : l'une physique et toute de relation, qui se manifeste par des accidents prévus ou extraordinaires, amenés par des causes extérieures et par des rapports généraux avec la nation dont elle est une partie intégrante ; l'autre, extérieure et agissante, par laquelle une cité se met en état d'accomplir une tâche et des devoirs. Envisagée sous ces aspects, la localité s'anime, prend en quelque sorte une physionomie sensible, revêt des couleurs et une espèce de costume ; son caractère particulier se développe ; elle a des joies, des souffrances, des vicissitudes de fortune, des habitudes opiniâtres, des vertus et des vices ; autour d'elle vient s'amasser une partie de cet intérêt qui rayonne autour de la tête d'un des héros de l'Arioste ; sa situation relative dans l'humanité présente un drame piquant, varié, plein d'incidents inattendus, dont le dénouement est tour-à-tour pathétique ou burlesque, et quelquefois même amène un sourire de dépit sur les lèvres, quand l'attention fortement excitée ne trouve plus, après un grand éclat qu'une fumée épaisse, qui, en se dissipant, n'a point laissé de traces.

Qu'on n'aille pas croire cependant que nous voulions tirer de là cette conséquence que la biographie d'une ville consiste seulement dans la narration des faits; elle est encore dans le développement de l'état des arts, des sciences, de l'industrie et des lettres, aux diverses périodes de son enfance, de son adolescence et de son âge viril; elle est encore dans ses institutions religieuses, politiques et communales; elle est encore dans son commerce; elle est dans l'ensemble de toutes ces choses, elle les comporte toutes.

Ce n'est donc pas sans avoir profondément réfléchi que nous avons tenté cette entreprise; nous avons hésité maintes fois, et délibéré si nous n'abandonnerions point un fardeau devenu pesant pour nos épaules. Il nous fallait reconstruire un monde avec des ruines, et plus nous reculions dans le passé, plus nos peines étaient grandes, plus le terrain devenait glissant. Chaque jour efface les vestiges des usages, des coutumes, des arts, des pratiques religieuses, des habitations, des édifices de nos aïeux : nous avions besoin de les reproduire en entier, et nous n'avions que des débris. Les arts revêtent des caractères différents; la religion ne se produit plus sous les mêmes formes; les édifices, les habitations ne sont plus élevés d'après des plans qui ne répondent pas aux nécessités actuelles. La possibilité de faire des comparaisons nous échappait; il ne restait que peu de traces d'une civilisation remplacée par une société nouvelle.

Ces difficultés ne nous ont pas rébutés; nous avons tenté tout ce qu'il nous était moralement permis de tenter. Comme ces mères qui aiment d'autant mieux leurs enfants qu'ils leur ont donné plus de mal, nous nous sommes passionnés pour le nôtre; nous avons soigneusement cherché ce qui pourrait le rendre meilleur, et si, malgré les soins que nous y avons apportés, il a gardé encore beaucoup de défauts, c'est que nos forces ont été insuffisantes, et que sa nature était mauvaise, rebelle ou indomptable.

Parmi ces vices, il y en a un que nous signalerons à notre grand regret, comme plus fâcheux et impossible à corriger; nous avons laissé de vastes lacunes que nous avons crues inévitables : les documents nous manquaient, et nous n'avons pas pu les remplacer par des fables ou des conjectures hasardées. Puisse un autre être un jour plus heureux que nous !

L'amour pour une œuvre considérée par nous comme véritablement patriotique, ne nous a cependant pas emportés si loin, et ne nous a pas fasciné les yeux à un tel point qu'il nous ait engagés à altérer la vérité, et à l'habiller à notre guise, pour accomplir une mission imaginaire. Par une partialité mal entendue, la plupart des hommes qui ont écrit sur les lieux où ils sont nés, ont pensé qu'il était de leur devoir de se faire les panégyristes exaltés de leur étroite patrie ; bien plus, ils ont cru, avant tout, qu'ils devaient se faire les avocats des hommes sortis de son sein, ou même qui seulement y avaient eu un peu d'influence ; ils se sont appliqués à dissimuler leurs cruautés, à expliquer leurs faiblesses, à défendre leurs injustices et à montrer qu'en dépit des témoignages étrangers ou des événements postérieurs, tous ont été bons ou grands. Nous n'avons pas ainsi sacrifié nos convictions. Si Guillaume-le-Bâtard a doté Caen de grandes richesses et de magnifiques fondations, nous ne l'en considérons pas moins comme un despote irascible, vindicatif et cruel ; si Lanfranc a enté sur notre sol l'amour des sciences et des lettres, ce n'en était pas moins un prélat faux et ambitieux. Nous dirons que Huet, savant distingué, était paradoxal; Sarrasin n'était qu'un écrivain médiocre; nous n'en ferons pas un poète du premier ordre, nonobstant la saine critique qui l'a jugé depuis long-temps ; nous n'érigerons point en héroïsme le crime de Charlotte Corday, elle sera toujours à nos yeux une fanatique furieuse : quelque parti qui en ait profité, son action n'en sera pas moins un infâme assassinat. Nous sommes persuadés qu'il est de ces moyens devant lesquels la politique doit toujours reculer, que la morale a établi des barrières qu'on ne doit jamais franchir impunément. Nous avons, au reste, tracé notre route sans crainte, et nous n'avons pris parti dans aucun camp ; nous sommes restés libres, pour avoir le droit de rester juges. Notre but essentiel, après tout, a été de nous occuper de la destinée d'une ville, et de raconter les aventures de sa vie sociale.

Ceci posé, il nous restait une chose à fixer. Deux voies déjà battues nous étaient ouvertes : laquelle avions-nous à choisir ? La première, aisée et droite, nous a repoussés par sa sécheresse ; nous avons craint d'entrer dans la monographie proprement dite : rien ne rebute comme des épisodes qui n'ont entre eux qu'une liaison vague, parce qu'on a évité de prendre au-dehors ce qui était nécessaire à leur explication ; l'autre était plus agréable, et, en tout cas, eût valu mieux : c'était de faire de Caen un centre d'action autour duquel auraient convergé et se seraient agitées les généralités historiques ; c'eût été une sorte de roman d'après Walter-Scott, et nous ne serions pas les premiers qui eussions adopté ce genre. Toutefois, nous n'en avons pas voulu non plus ; nous avons cheminé entre l'un et l'autre de ces sentiers, sans jamais les perdre de vue. Nous n'écrivions pas une histoire générale, mais aussi nous savions que l'histoire d'une ville s'y rattache toujours un peu.

Ainsi, dans notre premier livre, qui n'est guère qu'un Avant-Propos, puisqu'il ne fut question de Caen que dans le Xe. siècle, en nous occupant du Bessin, il nous a fallu parler de la Deuxième Lyonnaise, de la Neustrie, de toutes les Gaules.

Dans les trois livres suivants, la France et l'Angleterre, qui se disputaient le duché de Normandie, jouent un grand rôle parmi les causes des événements que nous rapportons. La France ensuite est venue seule absorber une partie de l'intérêt, par sa tendance à l'unité et à la centralisation. Nous avons été, comme on le voit, contraints, pour donner à notre esquisse l'ensemble et la netteté convenables, de rappeler des faits et des circonstances étrangères à la ville de Caen en particulier, mais nécessaires à l'intelligence de son histoire. En cédant à cette nécessité, nous n'avons cependant pas oublié le point capital vers lequel notre attention devait être continuellement portée.

Voici comment nous avons compris notre travail :

Il suivra sans cesse le progrès qui marche d'un pas grave et parfois semble stationnaire, mais ne s'arrête jamais ; il ne négligera rien; rien ne lui sera indifférent; la circonspection et l'impartialité seront ses guides ; et, pour ne rien laisser qui n'ait été traité, il se permettra d'effleurer, sans les approfondir, les circonstances de l'histoire de la province et des deux royaumes auxquels son sujet est intimement lié, toutes les fois qu'elles auront été dans nos murs causes ou prétextes de révolutions ou de changements notables.

Maintenant il nous reste à voir en deux mots de quelle manière nous avons écrit :

Nous avons fait abnégation pleine et entière de notre amour-propre, laissant volontiers les périodes pompeuses et le style élégant. En examinant les devoirs de l'historien, qu'il ait pris son thème sur une grande échelle, ou que, comme nous, il l'ait restreint pour le faire entrer dans un cercle plus étroit, nous avons bien vite reconnu qu'il doit chercher à disparaître tout-à-fait derrière ses tableaux, se résoudre à perdre toute prétention, et devenir purement compilateur, sauf à lui, s'il trouve un point de vue qui n'ait point encore été découvert, à s'en emparer et à le faire valoir; mais ces bonnes fortunes sont rares, et il est à craindre que le prisme du paradoxe ne vienne parfois s'interposer entre les objets et les yeux de celui qui est trop empressé à les saisir. C'est pour cela que, la plupart du temps, nous nous sommes retranchés derrière les autres, et que nous avons poussé devant nous toutes les autorités que nous avons eues sous la main ; nous avons eu la probité de leur rendre ce qui leur appartenait : de nombreuses notes placées au bas de nos pages l'indiqueront assez d'ailleurs. On pourra vérifier facilement ce que nous aurons avancé ; on retrouvera même quelquefois, ce qui nous est néanmoins arrivé rarement, des phrases entières de certains auteurs que nous avons remarqués au-dessus des autres, quand nous avons jugé que ce qu'ils disaient ne pouvait être exprimé autrement ; car l'histoire est, suivant nous, une science exacte et positive qui n'a souvent, de même que les mathématiques, qu'une formule pour une proposition.

29 Février 1836.

LIVRE PREMIER.

DEPUIS LES PREMIERS SIÈCLES JUSQU'A L'ANNÉE 924, ÉPOQUE A LAQUELLE LE BESSIN EST CÉDÉ A HROLF.

HISTOIRE

DE LA

VILLE DE CAEN

ET DE

SES PROGRÈS.

CHAPITRE PREMIER.

Les Celtes ou Gaëls. — Les Kymris. — Conquête de Publius Crassus. — La seconde Lyonnaise. — Invasions des Saxen. — Le rivage saxon. — Fondation probable de Caen. — Les Vandales et les All-ins. — Les Bagaudes. — Eocarich ravage les Bagaudes. — Les Franks. — Clovis. — Sa conversion. — Les Saxons du Bessin contre Warroch. — Les Saxons-Bessins dans l'armée de Warroch. — Leur conversion par saint Regnobert. — Saint Regnobert fonde quatre paroisses à Caen. — Peste sous Chilpérick. — La Neustrie sous les rois de la seconde race. — Saxons rélégués dans le Bessin par Charlemagne. — Irruptions des North-men. — Les Bretons envahissent Bayeux. — Hrolf. — Résistance et incendie de Bayeux. — Traité de St.-Clair-sur-Epte. — Le Bessin cédé aux North-men.

(Premiers siècles, — 924).

La contrée qui, dans les temps modernes, a pris le nom de *Campagne de Caen* et de *Haut-Bessin*, fut habitée, comme les autres parties de la *Gaule*, par les *Celtes* ou *Gaëls* * (Gaulois), qui s'y établirent à une époque inconnue. Leurs cités faisaient partie d'une confédération à laquelle sa situation sur les bords de la mer fit donner le nom d'*Armorike* ** ou *Maritime* (1).

631-587 avant J.-C.   Vers le VIIe. siècle avant notre ère, les *Kymris* (Cimmériens), dont l'origine, comme celles des Gaëls, semble être asiatique, chassés des bords du Palus-Méotide et du Pont par les nations scythiques et teutoniques, passèrent le Rhin, et se précipitèrent sur le nord de la Gaule. L'invasion se dirigea principalement le long de l'Océan, vers les contrées armorikaines. Les nouveaux venus, bientôt réunis aux Gaëls, s'établirent entre la Seine et la Loire. — Une discipline plus sévère, une religion plus élevée que le culte primitif des Gaëls, et le dogme de l'immortalité de l'ame,

---

* En admettant les dénominations adoptées par les historiens du XIXe siècle, nous avons cru devoir conserver les noms consacrés par les anciennes habitudes, et même nous en servir quelquefois; mais nous avons toujours mis en regard les deux manières d'orthographier, à moins que leur différence ne fût trop peu sensible pour nécessiter une explication.

** Ce mot appartient à la fois aux deux langues kymrique et gallique : *ar* et *air* (Gaël), *ar* (Cymro-corn.), *our* sur ; *muir*, *moir* (Gaël), *mor* (Cymro-armor.).

(1) A. Leprevost, Annuaire normand, 1re. année.

prouesse par leurs druides, payèrent une hospitalité acquise avec l'épée (1).

Mais tous les anciens habitants n'acceptèrent pas le joug qu'on leur imposait ; il s'opéra un refoulement de la nation gallique vers le centre et l'est de la Gaule, qui nécessita bientôt de nombreuses migrations : c'est de ce moment que datent les différentes irruptions sur l'Italie, de ces Gaulois, qui, au milieu de sa splendeur et de son orgueil, firent si long-temps trembler celle qui devait être un jour la maîtresse du monde. Rome, la ville éternelle, ne prit que fort tard une revanche achetée par bien des angoisses et bien des terreurs.

Ainsi allèrent les choses jusqu'au jour où Rome convoita les Gaules.

Des ruines considérables, trouvées en 1580, à *Vieux*, village situé près de Caen, ont fait reconnaître les restes de la cité des *Viducasses* * ;

57
av. J.-C.

---

(1) Hérodote, liv. iv., ch. 21, 22, 23. — Michelet, Précis de l'Histoire de France, ch. 1ᵉʳ. — Fréret, Mém. sur les Cimmériens, tom. v. des œuvres complètes, in-18, p. 2.

* Il est présumable qu'à l'époque de l'invasion romaine, les Celtes de cette province ne portaient pas de casques, et que les vainqueurs les auront désignés par le nom de *Vidui cassis*, et par corruption, Viducasses. — Appendices à la traduction de Ducarel, par M. Léchaudé d'Anisy.

c'est ainsi que les Romains désignaient les peuples qui habitaient notre pays lorsqu'ils en firent la conquête, sous la conduite de *Publius Crassus*, lieutenant de *César*, en l'année 57 avant J.-C. Malgré l'opinion du savant Huet, évêque d'Avranches (¹), il ne reste point de doute sur l'identité de ces ruines avec l'ancienne ville Gauloise : les dissertations de Caylus, de l'abbé Lebeuf, de Galland et de l'abbé Belley, ainsi que les fouilles faites en 1704 et recommencées depuis 1826 par la Société des Antiquaires de Normandie, n'ont permis aucune incertitude à cet égard (²).

César, pendant la guerre dont le résultat fut la soumission des Gaules, s'était montré dur et cruel. Parvenu à ses fins, le vainqueur changea de conduite envers les vaincus : la douceur du conquérant fit taire les ressentiments, sa politique déguisa même sous le nom honorable de solde militaire le tribut exigé des provinces réduites ; ses légions se recrutèrent de leurs meilleurs guerriers, dévoués subitement à sa fortune et prêts à mêler leurs armes à la guerre civile dont Pompée et lui désolèrent la république (³).

---

(1) Huet, Origines de Caen, ch. 3.

(2) Mém. de l'Académie des Inscriptions, t. xxxi, in-4°., p. 227 et suiv. — Mém. de la Société des Antiquaires de Normandie, année 1826, p. 127 et suiv.

(3) Hirtius, Guerre des Gaules, liv. viij, ch. 49. — Am. Thierry, Hist. des Gaules, part. iij, ch. 1.

Toutefois les Viducasses, ainsi que les autres cités maritimes, ne furent soumises que très-difficilement. Il est présumable que, dès les premières années de la conquête, elles firent partie de l'insurrection des *Lexoves* et des *Eburoviques*, qui allèrent se joindre à l'armée de *Viridorix*, dans le *Cotentin*, où elles furent forcées de mettre bas les armes par un stratagême de *Sabinus*, revenant d'une expédition contre les *Morins* et les *Ménassiens*.—Il est probable aussi qu'elle prirent part au soulèvement dirigé par *Vercingétorix*, l'an 52 avant J.-C. (¹).

56 av. J.-C.

52 av. J.-C.

Vingt-sept ans avant l'ère chrétienne, dans la vue de rendre impossible toute pensée de retour à la liberté, Auguste fit un partage en provinces dans lequel il apporta beaucoup de changements aux limites et au territoire de chaque nation. La province, dont les Viducasses firent partie, prit alors le nom de *Lyonnaise*. Trois cents ans après, l'empereur Dioclétien la divisa en deux provinces du même nom, dont l'une, la seconde, comprenait les pays occupés par la Normandie actuelle, la Bretagne, l'Anjou, le Maine et la Touraine (²).

27 av. J.-C.

284-305. ap. J.-C.

---

(1) Commentaires de César, liv. ij et iij.

(2) Danville, Géographie ancienne, p. 17 et suiv. — Dubos. Histoire crit. de l'établ. de la Monarchie française, liv. i, ch. 7.

La facilité avec laquelle les habitants de la Lyonnaise avaient été battus dans la révolution tentée par Vercingétorix, et par la suite, la tranquillité avec laquelle ils portèrent le joug qui leur fut imposé, l'inaction dans laquelle ils restèrent lors des révoltes réitérées des autres parties de la Gaule, essayant de se soustraire à une servitude devenue excessive depuis le règne d'Auguste, ont fait penser qu'ils étaient peu nombreux et trop faibles pour prendre part à ces grandes entreprises. —En effet, ils ne surent pas se défendre eux-mêmes, et l'absence des légions romaines les livra, pour ainsi dire, aux incursions des peuples du Nord. Dès le milieu du troisième siècle, et peut-être auparavant, les *Saxen* (Saxons) infestèrent les côtes de leur pays, et détruisirent de fond en comble la majeure partie des établissements romains (1).

235-260.

Ces pirates partaient des bouches de l'Elbe sur des barques d'osier tirant si peu d'eau qu'elles pouvaient traverser les plus faibles courants, et si légères qu'on pouvait les transporter sans peine d'une rivière à une autre (2). Leurs pillages durèrent jusqu'à la moitié du siècle suivant; mais

395-409.

---

(1) Bedæ Historia Ecclesiastica c. 12. — M. Deshayes, Réflexions sur les études archéologiques; Mém. de la Soc. des Ant. de Norm., tom. i, 1re. partie.

(2) Ammianus Marcellinus, lib. xxviij. — Sidonius Appolinaris in Panegyrico Aviti; Script. fr., t. i, p. 807.

attirés sans doute par la beauté des lieux, ils formèrent des établissements dans le pays qu'ils avaient d'abord saccagé, en choisissant de préférence les bords de la mer et l'embouchure des rivières, soit dans l'intention de continuer leurs anciens brigandages, soit pour se conserver un moyen de fuite en cas d'attaque. Il paraît qu'ils ne trouvèrent point d'obstacles à leurs projets, puisqu'ils vinrent en si grand nombre que le terrain dont ils s'étaient emparés fut appelé de leur nom le rivage saxon, *Littus saxonicum* (1).

Ce rivage s'étendait depuis la Dive jusqu'à la Seulle.

Tout fait présumer que ce fut vers cette époque que la ville de Caen fut fondée, car il était naturel qu'après avoir détruit la cité des Viducasses, les Barbares cherchassent à construire une nouvelle ville qui devînt le chef-lieu de leurs autres fondations, ou, du moins, le point central de dépôt pour les nouvelles opérations qu'ils pourraient tenter (2).

---

(1) Notitia dignitatum per Gallias, Scriptores Gall. et Franc., t. i, p. 127. — Rer. gall. et franc., script. passim.

(2) Procopus, De bello gothico, lib. 4., c. 20, t. ij, Script. fr., p. 42. — Moysant de Brieux, Poëmatum pars altera, 1669, p. 119 et suiv. — Galland, Lettre sur la ville de Vieux, publiée par la Soc. des Ant. de Norm., an. 1826, p. 140 et suiv. — Ducarel, Anglo-Norman

410.

Ils ne furent pas, toutefois, laissés paisibles possesseurs. Les invasions se succédèrent avec une effrayante rapidité. En 410, les pays qui avaient été précédemment la proie des Saxons, devinrent celle des *Vandales* et des *All-ins* (Allains). La seconde Lyonnaise se trouva dans ce cas. Le nom d'Allemagne, que portent deux communes voisines de Caen, en est une preuve sensible. Les tiraillements les plus déplorables ne cessèrent d'avoir lieu, jusqu'à ce qu'une fusion se fût opérée entre les envahisseurs et les envahis, et que ces derniers plus nombreux eussent donné leurs usages et leur nom à leurs dominateurs : on ne tarda pas effectivement à confondre toutes les hordes établies sur cette partie de l'Armorike, sous le nom de Saxons ou *Sesnes* du Bessin. — C'est sous ces deux dénominations indifféremment que les anciens historiens nous les ont fait connaître (1).

412.

Ce qui aida probablement aux concessions réciproques que se firent entre eux les anciens pro-

---

antiquities, p. 48. — Delaruc, Essais historiques sur la ville de Caen, tom. i, p. 25 et suiv. — Depping, Histoire des expéditions maritimes des Normands, tom. i, p. 84 et suiv.

(1) Gregorius turonensis, lib. v, c. 27; Script, fr., t. iij, p. 250. —Rer. gall. et fr. script. passim. — Dubos, Hist. crit. de l'établ. de la Monarchie française, liv. v, ch. 8.—Beziers, Hist. somm. de la ville de Bayeux, discours préliminaire, p. 19, 20.

priétaires du sol et les Barbares, fut la ligue qui se forma sous le nom de confédération *Armorikaine* ou *Bagaudes* * entre les cités armorikes et plusieurs autres villes. La faiblesse de l'empire romain, dans ces derniers temps de sa domination, et surtout les concussions et la mauvaise gestion de ses émissaires, avaient été cause de la révolte de cette partie des Gaules la plus difficilement subjuguée, et chez laquelle le plus de germes d'opposition étaient restés (1). On peut donc croire, quoiqu'aucun historien n'en fasse mention, que les nouveaux venus, cherchant à se maintenir et à consolider leurs établissements, se joignirent à une association susceptible de leur faire prendre une position dans un pays qu'ils craignaient d'être contraints d'abandonner ; on peut croire encore que les révoltés, qui avaient besoin de forces, ne firent pas de grandes difficultés pour recevoir des auxiliaires dont le nom redouté et

---

* Le nom de Bagaudes est Gaël ; il signifie attroupement, et avait d'abord été employé comme terme d'injure.

(1) Zozimi hist., lib. vi, cap. v, Script. fr. t. i, p. 587. — Procopus, lib. vi, t. ij ; Script. fr. 30. — Gibbon, Decline and fall of the Roman Empire, vol. v, ch. 31. — Dubos, Hist. critique de l'établ. de la Monarchie française, discours prélim., p. 31, t. i ; — id., id., liv. j, ch. 2. — Mezeray, Abrégé de l'histoire de France, t. ij, p. 174. — Sismondi, Hist. des Français, t. i, p. 133 et suiv. — Licquet, Hist. de Normandie, t. i, p. 10. — Buchez et Roux, Introduction à l'histoire parlementaire de la révolution française, t. i, l. i, ch. 3.

l'habitude des armes leur étaient une assurance de réussite dans leur rebellion, et leur donnaient la certitude de reconquérir leur indépendance. Parmi les nombreuses raisons qui militent en faveur de cette opinion, il en existe une assez forte, c'est que, 40 ans plus tard, on retrouve leurs forces combinées dans le dénombrement des troupes qui se joignirent à Aëtius contre Attila durant le siége d'Orléans (1).

Une chose qui, au premier abord, semblerait devoir contrarier notre certitude à cet égard, c'est que les Saxons n'étaient point chrétiens, et qu'ils conservèrent leur polythéisme long-temps après le Ve. siècle, tandis que l'insurrection des Bagaudes eut plutôt pour principaux mobiles des motifs de religion que l'amour de la liberté ; mais nous ferons remarquer un fait commun aux différentes crises sociales arrivées dans les premiers temps du christianisme, c'est que les orthodoxes préféraient l'alliance des payens à celle des hérétiques, sachant bien qu'il y aurait pour eux plus de facilité à persuader les uns qu'à convertir les autres toujours munis d'arguments captieux. D'ailleurs, dans ce cas, la majeure partie de la confédération étant

---

(1) Jornandès, de rebus Gallicis, c. 36, t. ij, Script. fr. p. 23, 24. — Dubos, Hist. critique de l'établissement de la Monarchie française, t. i, l. ij, ch. 17.

catholique, la direction des affaires publiques restait au clergé et aux évêques qui se mirent à la tête des affaires temporelles, et en disposèrent avec la même autorité qu'ils portaient déjà dans les affaires spirituelles.

La forme républicaine fut celle qu'ils adoptèrent comme point capital de leur pacte d'union ; ils établirent des congrès pour délibérer sur leurs intérêts généraux, levèrent des troupes, s'attribuèrent l'administration de la justice, des impôts et de la guerre, et commencèrent à donner à leur politique la direction si positivement catholique qui, un siècle plus tard, devait, plus que tout autre événement, contribuer à l'établissement des bases de la monarchie française (1).

Les Armorikes se serrèrent et se fortifièrent au fur et à mesure que le besoin qui les avait créées devint plus pressant, et en peu d'années elles arrivèrent à former un faisceau assez puissant pour qu'on n'osât plus compromettre une armée en les attaquant. Leur résistance était juste, et elle fut un bienfait dans ces temps d'anarchie. Elle signalait un besoin de conservation auquel

---

(1) Rer. gall. et franc. Script. passim. — Dubos, Hist. critique de l'établissement de la Monarchie française. — Buchez et Roux, Introduction à l'hist. parlementaire de la révolution française, t. i, l. i, ch. 3.

l'empire romain ne pouvait plus suffire : ce qui le prouve c'est que la conspiration devint flagrante partout, et qu'en 435 elle avait déjà réussi dans presque toutes les Gaules.

435.

443. Ce fut seulement huit ans après qu'Aëtius, le dernier grand homme qui ait eu en main un commandement militaire pour les empereurs d'Occident, essaya de réduire les Armorikes. Se trouvant trop faible et craignant de se compromettre en tentant cette entreprise, il la confia à un chef de Barbares auxiliaires, nommé *Eocarich*, qui, à la tête d'une troupe nombreuse d'Allains, se rua sur la contrée révoltée en y commettant d'affreux ravages. Il reste encore, sur le territoire de Caen, des traces de leur occupation ; il se peut même que les deux villages dont nous avons déjà parlé, aient été fondés par eux, lorsque les prières ou la persuasion de saint Germain, évêque d'Auxerre, arrêtèrent leur marche, et qu'ils se virent ainsi entravés dans leurs projets de pillage et forcés de se retirer (1).

445. Les armes et les intrigues d'Aëtius auraient nonobstant ces obstacles, triomphé de la résistance

---

(1) Constantius, De vita sancti Germani, l. ij, ch. 5, cité par Dubos, Hist. crit. de l'établ. de la Mon. franç., t. i, l. ij, ch. 10. — Mezeray, Hist. de France avant Clovis, l. iij, p. 388. — Huet, Origines de Caen, ch. 21. — De la Rue, Essais hist. sur la ville de Caen, t. i, p. 36 et suiv. — Id. id. id., p. 351 et suiv.

qui lui était opposée si *Hlodio* (Clodion), roi d'une tribu de *Franks* qui résidait sur les confins de la cité de Tongres, n'était venu faire une diversion favorable en s'établissant sur les limites septentrionales de la seconde Belgique. Il dut être reçu en libérateur par les villes confédérées, qu'il n'attaqua jamais, et dont il respecta toujours les frontières, comme s'il eût pris la résolution tacite de ne point les inquiéter. — *Mer-wig* (Mérovée), son successeur, suivant son exemple, ne dirigea ses empiètements que du côté des provinces germaniques (¹). 448.

A partir de l'invasion franke, la position politique des Bagaudes prit un caractère de stabilité et de fermeté qu'elle n'avait point encore eu. Les généraux envoyés par la cour de Ravenne reconnurent ouvertement leur indépendance. Aëtius, 451. ainsi que nous l'avons vu, implora leur secours pour marcher contre Attila dans les plaines de Châlons; Ægidius, que les chroniqueurs appellent 462. le comte Gillon, vint solliciter leur alliance contre les Visigoths, et traita avec elles. En un mot, si en droit elles furent toujours supposées faire partie du domaine des successeurs de César, de fait

---

(1) Gregorius tur., Hist., l. ij, c. 9; Script. fr , t. ij, p. 164. — Dubos, Hist. crit. de l'établ. de la Mon. franc., t. i, l. ij, ch. 11. — Id., id., t. iij, l. vi, ch. 10. — Sismondi, Hist. des Français, t. i, p. 45. — Id., id,, id., p. 129 et suiv.

elles furent libres et leurs citoyens affranchis de tout impôt autre que celui exigé par les magistrats qu'ils s'étaient donnés eux-mêmes.—Cela dura jusqu'à l'avénement de *Hlodo-wig* (Clovis) au commandement des Franks (¹).

481.

Ce prince ne les attaqua pourtant qu'en 494, après qu'il se fut déjà emparé de Soissons, et qu'il eut soumis les Franks de la Thuringe; mais elles l'arrêtèrent au milieu de ses triomphes. Il sentit alors la nécessité de lier ses intérêts à la cause du Catholicisme, et se fit baptiser à Reims avec trois mille de ses *leudes* (fidèles). L'année suivante, les Armorikes invitées à s'allier avec lui par les évêques, consentirent à se soumettre et à le reconnaître pour administrateur de la chose militaire. Cette cession fut confirmée par un diplôme solennel, délivré aux Franks par Justinien en 539. Par ce diplôme, il leur faisait abandon des droits de l'empire sur toutes les Gaules (²).

494.

539.

Que les Saxons-Bessins, *Saxones Bajocassini*,

---

(1) Gregorius tur., Hist., l. ij, c. 43; Scrip. fr., t. ij, p 185.—Dubos, Hist. crit. de l'étabI. de la Mon. fr., t. ij, l. iij, ch. 17 et 18.

(2) Gregorius tur., Hist. l. ij, passim; Script. fr., t. ij.—Procopus, De bel. goth., l. iij, c 33, p. 41 ; t. ij, Script. fr. — Beziers, Hist. somm. de la ville de Bayeux, disc. prél., p. 22. — Dubos, Hist. crit. de l'étabI. de la Mon. franç. — Sismondi, Hist. des Franc., t. i, p. 181 et s.— Buchez et Roux, Intr. à l'hist. parl. de la rév. fr., t. i, l. i, ch. 3.

comme les appellent les écrivains contemporains, aient été ou non membres de la république armorikaine; toujours est-il que leur fréquentation avec des peuples d'une civilisation plus avancée ne leur fit abandonner ni leur religion, ni leurs coutumes, ni leurs usages. Il semble qu'on doive conclure de cette tendance à conserver leurs mœurs qu'ils restèrent en correspondance avec leurs compatriotes du Nord, d'autant plus que ce qui d'ordinaire amène les hommes à des habitudes de paix, l'abondance des biens produite par la fertilité de la terre dont ils s'étaient emparés, ne leur fit rien changer de leur esprit aventureux et guerrier, et qu'on les trouve mêlés, en qualité d'auxiliaires, aux différentes querelles qui eurent lieu entre les successeurs de Clovis et entre leurs descendants, sans qu'ils aient, en aucune manière, perdu quelque chose de leur nationalité, à ce point qu'ils avaient conservé leur langue sans mélange, et qu'ils étaient même toujours désignés sous leur nom de Saxons.

Grégoire de Tours nous montre Chilpérick, en l'année 578, les envoyant contre le comte breton Warroch, qui s'était rendu maître de plusieurs villes appartenant aux rois Franks. « Les habitants, dit-» il, de Poitiers, de Bayeux, du Mans, d'Angers, » avec plusieurs autres, entrèrent ensuite en Bre-» tagne, par les ordres du roi Chilpérick, et s'é-

578.

» tablirent sur la Villaine pour tenir tête à Warroch,
» fils de Macliau, duc de cette contrée ; mais ce-
» lui-ci surprit, pendant la nuit, les Saxons de
» Bayeux, et en tua la plus grande partie. » (1).

591. Quelques années après, dans cette même guerre rallumée par la mauvaise foi du Breton, nous les rencontrons encore, soudoyés par Frédégonde, qui, trahissant son propre parti par haine pour le général placé à la tête de l'armée franke durant la minorité de son fils, *Hlot-her* (Clotaire II), les engagea à marcher au secours de Warroch. Pour n'être point reconnus, ils avaient pris d'autres habillements, et s'étaient fait couper les cheveux aussi courts que les portaient les Bretons. Preuve évidente qu'à cette époque, deux cents ans après l'établissement de leurs ancêtres, ils étaient demeurés tellement isolés au milieu des peuplades environnantes, qu'ils portaient encore le costume particulier à leur ancienne patrie.

Cette seconde fois ils furent aussi taillés en pièces (2).

---

(1) Gregorius tur., Hist., l. v, c. 27, t. ij ; Script. fr. p. 250. — Dubos, Hist. crit. de l'établ. de la Mon. fr. t. iij, l. vi, ch. 7. — Mezeray, Hist. de Fr. t. ij, p. 413. — Beziers, Hist. somm. de la ville de Bayeux, disc. prél., p 22,23. — Sismondi, Hist. des Fr., t. i, p. 354,355.

(2) Gregorius tur., Hist. l. v , c. 9; Script. fr. , t. ij, p. 368. — Dubos, Hist. crit. de l'établ. de la Mon. fr., t. i, l. vi, ch. 7. — Beziers , Hist. somm. de la ville de Bayeux, disc. prél., p. 22,23.

Les Saxons de Bayeux ne consentirent, vers le milieu du siècle suivant, à adopter une vie semblable à celle de leurs voisins, à s'unir à eux, et à se laisser régir par les mêmes lois (car, jusqu'à ce jour, le refus de se soumettre aux lois générales les avait fait réputer barbares), que lorsque saint Regnobert, évêque de Bayeux, les convertit à la foi catholique. Les néophytes durent être nombreux, si l'on en croit la tradition, qui attribue au saint prélat la fondation de quatre paroisses à Caen : — les églises St.-Sauveur, Notre-Dame, St.-Pierre et St.-Jean. — Cette conséquence des prédications de saint Regnobert, annoncerait, au reste, une ville déjà peuplée, et qui avait pris un accroissement considérable (1).

620-666.

Hormis ces événements, aucun autre souvenir historique de la dynastie mérovingienne n'est resté dans l'Ancienne Lyonnaise, du moins pour la partie correspondante à la Normandie actuelle *, qui

---

(1) Robertus Cenalis, Gallica historia, f. 157. — De Bras, édit. 1588, Recherches et Antiquitez de la ville de Caen, p. 38. — Huet, Orig. de Caen, p. 254 et s.—De la Rue, Essais Historiques sur la ville de Caen, t. i, p. 32 et s. — De Caumont, Essais sur l'Architecture religieuse au moyen-âge; Mém. de la soc. des Ant. de Norm., an 1824, p. 551.

* La Neustrie était plus grande que la Normandie, elle comprenait l'espace enfermé entre la Seine et la Loire, et avait même eu dans le principe une étendue beaucoup plus considérable.

prit le nom de *Nioster-rike* * (Neustrie ou Nouvelle France), dans les singuliers partages que les fils de Clovis firent du royaume de leur père, aucun, si ce n'est celui d'une horrible peste, qui désola tout le royaume, sous le règne désastreux de Chilpérick. Elle fut si terrible, que l'effroi qu'elle inspira fit sentir des remords à Chilpérick et à Frédégonde, et qu'ils cherchèrent à fléchir la miséricorde divine, en donnant un terme momentané à leurs cruautés et à leur avare tyrannie (1).

Les premiers rois Carlovingiens ont laissé dans le Bessin encore moins de traces de leur domination que leurs prédécesseurs. La Neustrie fut abandonnée par eux aux *Missi Dominici* ou commissaires inspecteurs, et ils portèrent toute leur sollicitude du côté des contrées orientales. Nés dans l'Austrasie, ils traitaient la France occidentale en pays soumis par les armes plutôt qu'ils ne la regardaient comme faisant partie de l'ancien domaine de leur couronne, et on ignore s'ils firent jamais rien de spécial relativement à l'administration du pays dont nous tâchons de retracer l'histoire. On sait seulement qu'un certain

804.

---

* Littéralement Non Est

(1) Gregorius tur., Hist. l. v, c. 35; Scrip. fr. t. ij, p. 253.—Masseville, Hist. somm. de Normandie, t. i, p. 48. — Sismondi, Hist. des Fr., t. i, p. 356.

nombre de Saxons des bords de l'Elbe y furent relégués, lorsque furieux de la courageuse résistance qu'ils lui avaient opposée, *Karl-mann* (Charlemagne) les ayant domptés après une guerre de trente ans, en dissémina dix mille dans ses états. Ces malheureux entrés dans le canton qui leur fut assigné, en vaincus soumis et humiliés, ne tardèrent pas à se confondre avec les Franks, qui avaient avec eux une origine commune, parlaient la même langue, et avaient, à l'exception de la religion, des idées et des lois absolument identiques ([1]).

Cette guerre d'extermination entreprise et achevée par Charlemagne, avec un acharnement fanatique, devait causer plus tard à ses fils des peines et des embarras bien plus grands que les avantages retirés par ce prince de la destruction totale de peuples dont le seul tort envers lui avait été de ne pas vouloir se laisser convertir par ses missionnaires. Les Saxons libres reculèrent vers le Nord occupé déjà par une population surabondante : il fut facile aux fugitifs d'inspirer à leurs nouveaux alliés la haine qu'ils ressentaient pour les Franks ; réunis à eux, animés par la vengeance, ils se je-

---

(1) Eginhardus, Vita Caroli magni, c. 7 ; Script. fr., t. v, p. 91. — Beziers, Hist. somm. de la ville de Bayeux, disc. prél, p. 23 et s — Pluquet, Essai historique sur la ville de Bayeux, p. 9, 10.

tèrent sur le midi, et vinrent exercer dans la patrie de ceux qui les avaient forcés à s'exiler de sanglantes représailles.

810. Leurs irruptions commencèrent du vivant même de leur vainqueur. On rapporte que le vieil empereur étant un jour arrêté dans un port de la Gaule Narbonnaise, des pirates vinrent rôder en vue des côtes. Charles les reconnut en frémissant à la construction et à la légèreté de leurs barques. Alors, troublé, il se leva de table et se plaça à la fenêtre qui regardait l'Orient en fondant en larmes; puis, comme personne n'osait l'interroger, il dit en se retournant à ceux qui l'entouraient : « Mes fidèles, si je pleure si » amèrement, certes ce n'est pas que je craigne » qu'ils me nuisent par ces misérables pirateries, » mais je m'afflige profondément de ce que, moi » vivant, ils ont été près de toucher ce rivage, » et je suis saisi d'une violente douleur, quand » je prévois tout ce qu'ils feront de maux à mes » fils et à leurs peuples. » De ce moment la crainte des hommes du Nord lui fit apporter un soin particulier à la défense des rivages de son empire ; il essaya d'organiser un système de résistance ; mais ses efforts devaient demeurer infructueux. — Il était difficile d'agir contre des ennemis qui tombaient à l'improviste sur les lieux qu'ils avaient résolu d'attaquer, massacraient leurs possesseurs

terrifiés avant qu'ils eussent pu se reconnaître, et les quittaient presque aussitôt après y avoir apporté l'incendie et la désolation (1).

Les prévisions funestes du puissant monarque au milieu de ses succès, ne tardèrent pas à se réaliser. Peu d'années après sa mort, treize vaisseaux montés par des North-men * (Normands) menacèrent la Flandre, se présentèrent sur les côtes de la Neustrie, et ravagèrent quelques districts de l'Aquitaine (2). Enhardis par la réussite, ils revinrent en plus grand nombre. La piété mal entendue de Louis-le-Débonnaire servit encore à attirer les dévastateurs, depuis surtout qu'un de leurs rois eut obtenu de lui une province pour un baptême. Tous accoururent à cet appât ; mais on ne pouvait satisfaire également leur cupidité ; l'impuissance de les contenter les rendit furieux ;

820-889

---

(1) Monachus sangallensis, De rebus bellicis Caroli magni, l. ij, c. 22 ; Script. franc. t. v, p. 130. — Masseville, Hist. sommaire de Normandie, t. i, p. 70.—Montesquieu, Considérations sur la grandeur et la décadence des Romains, ch. 16. — Sismondi, Hist. des Franç. t. ij, p. 401, 402.—Depping, Hist. des expéd. marit. des Normands, t. i, ch. 1 et 4.

* Hommes du Nord.

(2) Astronomus, vita Ludovici pii, c. 33 ; Script. franc. t. vi.—Chroniques de St.-Denis ; Historiens de France, t. vi, p. 145. — Eginhardus, Annales ; Script. franc. t. vi, p. 180.—Sismondi, Hist. des Fr. t. ij, p. 449, 450.

ils se vengèrent du refus, comme d'une offense.
— Se confiant aux flots sur leurs bateaux fragiles, ils s'avançaient dans les fleuves, dispersant au loin, les hommes qui fuyaient devant eux ; massacrant tout ce qui s'opposait à leur marche ; s'attaquant principalement aux objets du culte ; s'acharnant sur les sanctuaires les plus révérés ; n'épargnant la vie ni des saints ni des prélats, qui, réfugiés au pied des autels, se laissaient égorger sans défense. Deux évêques de Bayeux, victimes résignées, tombèrent sous leurs coups, et reçurent de leurs mains la palme du martyre, au milieu de leur diocèse, abandonné par une population fuyant des foyers, où elle ne voyait plus de sûreté pour elle [1]. On n'osait plus récolter ; la famine vint ajouter son désespoir aux autres fléaux ; on vit des hommes mélanger la terre avec la farine, et se créer des aliments avec les immondices les plus dégoûtantes [2].

Pour accroître encore ces calamités, le pas-

---

[1] Ordericus Vitalis, Historia ecclesiastica, l. iij — Hermant, Hist. du diocèse de Bayeux, p. 104 et 111. — Beziers, Hist. somm. de la ville de Bayeux, p. 57. — Depping, Hist, des expéditions marit. des Normands, t. i, ch. 5. — Capefigue, Essai sur les invasions maritimes des Normands, p. 127.

[2] Duchesne, Normannorum scriptores antiqui, passim. — Script. fr. passim. — Sismondi, Hist. des Français, t. iij. — Depping, Hist. des expéditions maritimes des Normands. — Capefigue, Essai sur les inv. marit. des Normands. — H. Wheaton, History of the North-men.

sage des North-men dans des lieux auparavant paisibles, donna naissance à de nouveaux brigandages : les malheureux dépossédés cherchèrent à regagner sur ceux qui avaient conservé quelques propriétés ce qu'ils n'avaient pu défendre eux-mêmes; les Bretons, entre autres, insurgés depuis long-temps contre le pouvoir des Franks, pensèrent qu'ils devaient profiter de ces circonstances ; ils entrèrent dans le Cotentin, tandis que leur territoire était livré au pillage, et s'emparèrent ensuite de Bayeux. Partant de cette place forte dont ils avaient fait leur quartier général, ils ruinèrent ses environs par le fer et la flamme (1).

Enfin pour terminer un tableau que nous avons hâte de laisser, nous dirons que le peuple, durant cette longue période de malheurs, voyant ses souverains l'oublier pour des querelles de famille ou se racheter, lorsqu'ils s'estimaient menacés jusques dans leurs palais, par de honteuses rançons, au lieu de combattre, arriva à mépriser, en général, ceux-là auxquels il avait obéi avec amour ; tous jusqu'au clergé devinrent impuis-

---

(1) Bollandus, Translatio corporum sanct. Regnoberti et Zenonis, Acta sanctorum, maii 16, t. iij. p. 620, 624. —Beziers, Hist. somm. de la ville de Bayeux, p. 16, 17.—A. Leprevost, Annuaire Normand, an 1835.

sants auprès d'hommes rendus égoïstes par la douleur, et qui ne voyaient de terme à leurs souffrances que dans une mort prématurée et toujours horrible. — Cette vie précaire et pleine d'angoisses les avait détachés d'un sol improductif pour eux, et dont l'ennemi recueillait seul les richesses (1).

890-891.   Bayeux parut pourtant se réveiller de l'apathique insouciance avec laquelle il avait subi trois ou quatre premières invasions, quand un jeune chef North-man Hrolf, ou Rollon, vint investir ses murailles après une inutile tentative sur Paris. Plusieurs échecs déjà éprouvés par lui, loin de décourager ses hordes n'avaient fait que les irriter. Leur torrent destructeur renversait tout dans son cours. Aussi, les bourgeois de la cité qu'il attaqua, excités par leur comte Béranger, instruit du sort qui les attendait, préférèrent-ils la résistance opiniâtre de gens de cœur à une lâche résignation. Hrolf en arrivant sous leurs murailles, les trouva disposés à combattre vaillamment. Dès les premiers assauts, Bothon, un de ses lieutenants, fut fait prisonnier par eux. Cette capture importante décida du sort de la place ; les North-men offrirent une trêve d'un an, à con-

---

(1) Duchesne, Hist. norm. script. antiqui, passim. — Scriptores franc passim.

dition qu'on leur rendrait le prisonnier. La proposition ayant été acceptée, Hrolf se retira après l'incendie du canton, emportant une immense quantité de grains et traînant derrière lui de nombreux bestiaux. Mais son absence ne fut pas de longue durée. A peine l'année fut-elle expirée qu'il quitta à la hâte les rives de la Seine, où il n'avait pas rencontré d'obstacles, et surprit Bayeux qui ne s'attendait plus à le revoir, tua Béranger avec la plus grande partie des citoyens, et réduisit la ville en cendres (1).

Hrolf, gorgé de butin, n'arrêta point là sa course dévastatrice : retrempant dans le sang le courage de ses bandes, il fondit sur la Bretagne, l'Anjou et la Touraine, se traça une route à travers les décombres des bourgs et des villages, et à la fin fatigué de rapines et de vols, vint se reposer à Rouen, y fixa son séjour, et sembla manifester des intentions de stabilité en y construisant une forteresse sur les bords de la Seine, pour lui servir de palais et en même temps lui servir comme lieu de défense.

892-911.

(1) Guillelmus Gemmeticus, Historia Normannorum, l. ij, ch. 12; Duchesne, Hist. norm. script. — Robert Wace, Roman de Rou, éd. Pluquet, t. i, p. 67, 68. — Masseville, Hist. somm de Normandie, t. i, p. 83, 84. — L'art de vérifier les dates, t. iv, p. 1. — Hermant, Hist. du dioc. de Bayeux, p. 120. — Beziers, Hist. somm de la ville de Bayeux, p. 16, 17. — Depping, Hist. des exp. mar. des Norm. t. ij, ch. 9. — Wheatton, Hist. of the North-men, ch. 12.

Sur ces entrefaites, Charles-le-Simple, descendant dégénéré de Pepin et de Charlemagne, lui fit proposer une alliance qu'il espérait propre à retarder la chute de son trône. Il demanda aux pirates campés autour de Rouen, une conférence sur les bords de la rivière d'Epte. Leur chef s'y rendit et y conclut au nom de ses compagnons, un traité avec le roi : ce dernier leur cédait authentiquement les villes qu'ils occupaient entre l'Epte et la mer ; en revanche Hrolf se reconnut son fidèle, son soldat, et mit ses mains entre les siennes, comme son homme lige et comme duc du territoire dont la concession lui était confirmée (1).

24. Dans ce démembrement d'une partie de la France en faveur du Danois, le Bessin ne fut pas compris. Ce n'est que douze ans après, à la suite d'une guerre entreprise par lui, pour la défense de Charles-le-Simple, contre Raoul, duc

---

(1) Guillelmus Gemmeticus, Hist. Norm., l. ij, c. 17 ; Duchesne, Hist. norm. script. — Dudo de Sancto Quintino, De moribus et actis Normannorum, l. ij; Duchesne, Hist. norm. script., p. 81 et s. — Robert Wace, Roman de Rou, éd. Pluquet, t. i, p 91 et s. — L'art de vérifier les dates, t. iv, p. 2. — Servin, Hist. de la ville de Rouen, t. i, p. 94 et s. — De la Foi, De la constitution du duché de Normandie, ch. 4. — Aug. Thierry, Histoire de la conquête de l'Angleterre par les Normands, t. i, p. 159. — Capefigue, Ess. sur les inv. mar. des Norm., p. 181 et s.

de Bourgogne, qu'il l'obtint par ses exigences importunes. (¹)

Arrivés à ce point de l'histoire générale, où la nationalité française, ainsi que l'individualité de la province vont commencer, nous sentons le besoin de nous arrêter quelque temps. La Société du dixième siècle ne tardera pas à ouvrir devant nous une route moins rude à parcourir et dont les détours, quoique compliqués, nous permettront une allure plus franche et plus aisée. Jusqu'ici nous avons péniblement suivi les traces d'une peuplade à laquelle venaient sans cesse se superposer des éléments hétérogènes, qui ne se fondaient avec elle que forcément et avec difficulté. Nous avons vu s'agglomérer successivement, pour contracter des intérêts communs, les Gaëls, les Kimris et les Saxons, les Lètes* romains, suèves et bataves, les All-ins, les Vandales et les Franks, les Saxons de Charlemagne et enfin les North-men

---

(1) Frodoard, Collection des Mémoires relatifs à l'histoire de France, par Guizot, t. vi, p. 82. — L'art de vérifier les dates, t. iv, p. 2. — Le P. Lobineau, dissertation sur la mouvance de Bretagne ; Servin, hist. de la ville de Rouen, t. ij, p. 163. — Licquet, histoire de Normandie, t. i, p. 78 et 97.

* *Læti* ou *Immunes*, c'étaient des soldats auxquels les Romains donnaient des terres exemptes d'impôts, et qui étaient astreints seulement au service de guerre.

qui viennent clore la liste de ces générations du Nord, dépouillées les unes par les autres, et formant par leurs alluvions un tout solide et compacte dont les mouvements et l'action sont insaisissables.

Bientôt Caen va nous apparaître sans enfance connue, cité déjà populeuse et prenant tout d'abord un des premiers rangs parmi les villes de la Normandie.

Dès lors notre tâche va se faire, sinon plus facile, au moins plus agréable, car nous n'aurons plus à trembler à chaque minute de la crainte de nous fourvoyer; nous ne redouterons plus autant les faux pas à peu près inévitables en essayant le sable mouvant des conjectures.

CHAPITRE II.

Monuments celtiques. — Monuments gallo-romains. — Titus Sennius Solemnis. — Statue de Titus Sennius Solemnis. — Les Saxons, leurs usages. — Coutumes de la veille de Noël et de celle des Rois. — Tombeaux. — Mœurs des North-men, leur manière de faire la guerre, leurs lois. — Poésie des Scaldes. — Les North-men chrétiens. — Caractère social des North-men. — Hrolf, premier duc de Normandie. — Echiquier. — Clameur de Haro. — Edifices normands. — La langue danoise s'éteint.

(Premiers Siècles — 924.)

Les objets d'antiquité qui peuvent servir de guides pour l'histoire, manquent généralement dans les pays dont la population est surabondante : on croirait que, dans ces lieux fertiles, le terrain a toujours été si précieux, que les morts ont dû abandonner à leurs successeurs tout ce qui pouvait rappeler leur mémoire aux nations à venir ; et ceux-là, sans respect pour le passé, ont renversé comme nuisibles ou comme d'un luxe incommode, ces uniques témoins de la vie de leurs ancêtres, chaque fois que le passage d'un bœuf en a été obstrué, chaque fois qu'ils se sont vus forcés de faire dévier, à cause d'eux, le sillon tracé par leur charrue.

Av. J.-C. Il n'est pour ainsi dire point resté de traces de la demeure des Celtes dans le Bessin; c'est à peine si l'on y rencontre de temps à autres quelque débris du culte des Druides, et presque toujours encore, la vérité de son origine et l'authenticité de la tradition qui le constate sont-elles combattues. Ce n'est guère que par des usages bizarres conservés jusqu'à nos jours et par des étymologies souvent forcées que l'archéologue parvient à se créer un échafaudage de suppositions et de systèmes faciles à détruire et sans résultats réels pour la science. (1)

---

(1) Huet, Origines de Caen, ch. 22, p. 344 et suiv. — Beziers, Hist. somm. de la ville de Bayeux, disc. prél. p. 21-22. — Pluquet, Essai historique sur la ville de Bayeux, p. 17 et suiv.

Ce manque de monuments gaulois se comprendra d'autant plus facilement que l'on considérera que, dans ces temps reculés, les invasions qui passèrent l'une après l'autre sur notre sol, durent détruire jusqu'aux derniers vestiges des autocthones ; avec cela que, dans ces âges et chez des peuples aussi sauvages, le génie des constructions ne pouvait avoir été que faiblement en faveur. Devenus nomades par nécessité, les Gaëls ne s'occupèrent guère à bâtir aujourd'hui sur une terre qu'ils craignaient d'être forcés d'abandonner demain : ces hommes, au caractère indocile et aventureux, dans leurs longues courses à travers les nations, laissèrent plutôt des souvenirs de destruction que des preuves d'un sentiment créateur. Les tribus kimriques, en se mêlant pourtant aux vieux habitants des Gaules, amenèrent à la longue, avec les idées de stabilité qui leur étaient propres, des goûts plus en harmonie avec l'esprit de société ; des autels furent élevés où fuma le sang des victimes humaines, sacrifices horribles qui attestent la faiblesse et la dégradation morale de ces siècles, mais signalent en même temps une légère et triste amélioration; car, comme nous l'avons dit, avec leurs hideuses superstitions, les Druides enseignaient les dogmes de l'immortalité de l'ame, en cela supérieurs à leurs prédécesseurs, dont l'intelligence religieuse n'allait pas au-delà du fétichisme.

Un dieu tel que leur Teutatès était donc un progrès.

Amenés par les Kimris, ces prêtres théocratisèrent le peuple, implantèrent l'ordre et le classement là où il n'y avait auparavant que désordre et anarchie, commencèrent enfin une civilisation qui explique l'étendue et la durée de leur puissance.

Quoique, à n'en pas douter, ces deux races aient eu des établissements considérables dans notre pays, sur l'emplacement de ses forêts abattues et de ses marais desséchés, il ne reste à peu près rien aujourd'hui qui atteste le passage du monde gallo-kimrique. Si le savant est parvenu parfois à constater sa présence en invoquant le nombre, si minime pourtant, de ruines que chaque jour voit disparaître, c'est en confrontant et en reconnaissant leur identité avec celles que garde encore la Bretagne armorikaine. Cette partie de la Gaule ayant, à cause de son isolement, maintenu sa nationalité, conserva bien plus tard ses symboles : là le christianisme même ne put arracher les superstitions de l'ancien culte; il fallut subtiliser les Bretons que l'on voulait soumettre, et la croix, pour être soufferte, eut besoin de s'appuyer sur les *dolmens*, les *menhirs*, les *peulvans*, les *barrows*, les *corm'lehs*, * qui subsistent, souvenirs éternels de l'antique idolâtrie ([1]).

Chez les Bas-Bretons seuls ou chez leurs frères du pays de Galles, se parle encore la langue celtique dont les nombreux rapports avec l'hébreu et les autres idiômes orientaux annoncent une origine commune ; chez eux seuls se conserve cet usage singulier, ordinaire aux Kimris comme à tous les sauvages, de se peindre le corps avec l'ardoise pilée et le suc des plantes. Dans la seule Bretagne enfin se retrouvent ces fêtes joyeuses, reflets bruyants du Druidisme, dans lesquelles les éléments ont aussi un culte ; comme si au milieu des révolutions

* Les *Dolmens* ou autels druidiques se composent d'une grande pierre brute applatie, élevée comme une table sur plusieurs pierres verticales dont le nombre varie suivant sa pesanteur. Dolmen est composé de deux mots celtiques : *dol* table, et *men* pierre.

Les *Menhirs* sont des pierres brutes d'une forme allongée et verticalement posées à terre. On croit qu'ils étaient destinés à honorer les dépouilles mortelles des Celtes. — *Men* pierre, *hir* longue.

On désigne par le nom de *Peulvans* des pierres semblables aux *menhirs*, qui accompagnent quelquefois les *dolmens*. — L'étymologie de leur nom indique assez leur forme : *poul* pilier, *vaen* ou *maen* pierre.

En Angleterre le mot *barrow* est synonyme de *tumulus*.

Corm'lehs, enceintes de pierres, lieux où se tenaient les assemblées publiques et où l'on faisait les sacrifices. — *Corm* courbe, *leh* pierre.

(1) Am. Thierry, Hist. des Gaulois. — Michelet, Hist. de France, t. i, ch. 1er. — Pluquet, Essai hist. sur la ville de Bayeux, p. 17 et s — De Caumont, Cours d'Antiquités monumentales, t. i, ch. 4. — E. Souvestre, Les derniers Bretons, t. ij, p. 4, 5, 6.

qui ont passé sur elle, la providence avait voulu confier à cette province le dépôt des traditions de nos ancêtres, etqu'elle l'eût placée là comme une page ouverte, où la France entière pût venir lire l'histoire de ses premiers habitants. (1)

57 av. J.-C.
810 ap. J.-C.

Nous devons aux Romains une bien plus grande quantité de vestiges historiques qu'aux populations qui les ont précédés et même qu'à celles qui les ont immédiatement suivis. Ces hommes qui par politique faisaient de la guerre un moyen civilisateur, savaient trop bien tirer parti des avantages que leur assurait une situation géographique favorable, pour se contenter d'une victoire sans bénéfices postérieurs. Où ils ne fondaient point de villes, où une colonie n'était point déposée, ils cherchaient au moins un lieu pour y jeter un camp, s'y fortifiaient, y entretenaient des troupes, soit pour indiquer aux ennemis vaincus que Rome avait toujours un œil ouvert sur leurs démarches, soit pour surveiller les actions de ceux qui n'étaient point encore soumis. C'est ainsi, par exemple, qu'ils avaient établi une station à Bernières, afin d'épier les mouvements des insurgés de la Grande-Bretagne, foyer continuel de révoltes. Par la suite,

---

(1) A. Guépin et E. Bonamy, Nantes au XIX° siècle, Introduction, p. 11 et s. — E. Souvestre, Les derniers Bretons.

une longue possession les engagea à tracer des routes, et ils en semèrent les bords de *villa* dont souvent encore on reconnaît les fondations, ou qui sont signalées par des objets d'antiquités que l'on retrouve en fouillant la terre. (1) Les Gaulois, qui ne tardèrent pas à adopter leur manière de vivre, construisirent aussi sur le modèle de leurs édifices, une multitude de maisons publiques et privées. Cet esprit d'imitation se fit particulièrement sentir dans les cités populeuses; les *Badiocassiens* (habitants de Bayeux) et les *Viducassiens* (habitants de Vieux) remplirent leurs villes d'aquéducs, d'hippocaustes, de thermes et de gymnases; ils élevèrent même des statues aux citoyens qu'ils pensèrent avoir bien mérité de leur patrie. Un cippe servant de base à un monument de ce genre et qui fut découvert à Vieux en 1580 en fait foi. La statue qu'il supportait avait été érigée à la mémoire d'un certain *Titus Sennius Solemnis*, grand-prêtre, auquel ses concitoyens, après sa mort, avaient accordé cet honneur. En vertu d'un décret rendu dans l'assemblée des Gaules, le sénat avait cédé un emplacement pour cet objet dans la capitale même des Viducasses. C'est du moins ce que rapportent

---

(1) Huet, Origines de Caen, ch. 3. — De la Rue, Essais hist. sur la ville de Caen, t. i, p. 46. — Mémoires de la Société des Ant. de Normandie.

les inscriptions gravées sur le piédestal, inscriptions qui cependant ne doivent pas beaucoup faire présumer des services rendus par Titus Sennius Solemnis à son pays, puisqu'elles mettent au premier rang parmi les titres qui valurent à ce personnage une faveur aussi insigne, celui d'avoir donné des fêtes, dans sa ville natale, pendant quatre jours consécutifs. — Cet amour effréné pour les plaisirs, qui avait remplacé chez les Celtes et les Kimris la rudesse et la fierté de leur caractère primitif, prouve, au reste, qu'en adoptant les mœurs raffinées de leurs vainqueurs, ils avaient contracté avec elles leurs habitudes de mollesse et leurs vices. (1)

Une chose remarquable et qui a frappé généralement l'attention des antiquaires, ce sont les cendres et les autres marques d'incendie et de dévastation qui entourent la majeure partie de ces témoins de la splendeur de notre province sous la domination des Césars; mais ces cendres sont encore de l'histoire, et le philosophe doit les étudier

---

(1) Huet, Origines de Caen, ch. 3, p. 23 et s. — Correspondance de Huet et de Galland sur la ville de Vieux ; Mém. de la Société des Ant. de Normandie, t. iij, An. 1826, p. 141 et s. — Beziers, Hist. somm. de la ville de Bayeux, disc. prél., p. 13, 14. — Léchaudé d'Anisy, Traduction des Antiquités anglo-normandes de Ducarel, notes, p. 77, 78, 79.

comme des monuments non moins précieux que ceux qu'elles recouvrent. En effet, les Saxons, en se ruant ainsi sur notre malheureux pays, semblent avoir voulu frapper d'un cachet indélébile chacun des lieux par où ils passèrent. C'est qu'aussi le caractère dominant de tous ces barbares échappés aux glaces du Nord, était une véritable passion pour la destruction, une ivresse réelle qui les poussait à renverser ce qui se trouvait devant eux, une frénésie inconcevable qui les porta à exercer leurs ravages sur un même point et sans interruption pendant près de trois siècles. Néanmoins, quand ils virent le canton sur lequel ils s'acharnaient avec tant de persévérance, entièrement abandonné, devenu désert; quand ils sentirent qu'ils ne pouvaient plus y acquérir de richesses qu'en cherchant eux-mêmes à le fertiliser, ils commencèrent à y former des établissements durables, ils se firent marchands et laboureurs, leurs cabanes s'élevèrent auprès des ruines des temples et des palais qu'ils avaient renversés; ils couvrirent le rivage d'habitations; l'embouchure de l'Orne devint leur centre d'activité, l'entrepôt de leur commerce; Caen et une infinité de villages ou bourgs furent fondés, les noms de ces villages subsistent encore pour en certifier par leur origine saxonne, et bien plus encore par leur ressemblance avec ceux que ces peuples donnèrent d'abord aux lieux où ils s'établirent de l'autre côté du détroit, lorsqu'ils se furent emparés de la Grande-Bretagne; tels sont par exemple : *Oistreham*, *Ros*, *Douvres*, *Bray*, *Rye*, *Ver*, et bien d'autres dont les dénominations appartiennent à des communes actuelles des deux territoires. Les Saxons ne passèrent pas toutefois d'une façon tellement immédiate, d'une vie de rapine à une vie de paix et d'industrie, qu'ils n'aient compris le besoin et reconnu la nécessité pour eux, de se mettre à l'abri des attaques des ennemis qu'ils s'étaient faits antérieurement : leurs aïeux avaient coutume de creuser des souterrains pour s'y réfugier, en cas de guerre, avec leurs femmes, leurs enfants, leur bétail et leurs meubles ; ils employèrent les mêmes moyens pour se retrancher. Les côteaux qui environnent Caen et la colline sur laquelle fut depuis élevé le château, sont percés de tous côtés, de souterrains immenses dans lesquels des puits nombreux ont été creusés. — Cet usage était encore fort commun chez ces tribus. [1]

Ces cavernes, dont la profondeur est inconnue, sont les seuls indices qui témoignent, dans les

---

[1] Moysant de Brieux, Poëmatum pars altera, 1669, p. 137 et s. —Huet, Origines de Caen, ch. 6 et 21.—De la Rue, Essais historiques sur la ville de Caen, t. i, p. 36 et s. —Depping, Hist. des expéd. marit. des Normands, t. ij, pièces justificatives, p. 339 et s.

environs de Caen, de l'origine saxonne de cette ville ; à moins qu'on ne veuille, ainsi que l'a fait M. De la Rue, prendre comme un reste de leurs usages, l'habitude qu'ont les enfants, de chanter, la veille de Noël, en parcourant les rues avec des falots et des torches allumées, ou des lanternes à la main, ce refrain monotone auquel parfois ils ajoutent quelques variantes :

Adieu, Noël, Noël s'en va,
I' r'viendra quand i pourra !

Et cela, parce que les Saxons payens d'Angleterre avaient coutume dans la nuit du 24 au 25 décembre de célébrer la nuit-mère (*Mœdrenack*), la plus longue des nuits (1).

M. De la Rue, en adoptant cette assertion, n'avait sans doute point fait attention que, dix jours après cette cérémonie, la veille des Rois, les paysans et les enfants des campagnes du Bessin et de la plaine de Caen en célébraient une à peu près semblable, mais qui ne pouvait plus avoir d'analogie avec la nuit-mère, en allumant des torches de paille et des tiges de molène enduites de goudron, et courant, et hurlant à travers les champs

---

(1) De la Rue, Essais hist. sur la ville de Caen, t. i, p. 39, 40. — Depping, Voyages en France, t. vi, p. 157.

cette autre chanson, que d'autres érudits ont crue une réminiscence des anciens mythes druidiques. (1)

> Couline vaut
> Lolot,
> Pipe è pommié,
> Guerbe è boissé!
> Men pèr' bet biée,
> Ma mère oco miée;
> Men père à guichonnée,
> Ma mère à caudronnée
> Et mei à terrinée.
>
> Adieu, Noé!
> Il est passé,
> Couline vaut
> Lolot,
> Guerbe è boissé,
> Pipe è pommié,
> Bieurre et lé,
> Tout à planté!
>
> Taupe et mulot
> Sort dé men clot,
> O j' vot cass' l' zos!

(1) Pluquet, Essai hist. sur la ville de Bayeux, p. 18, 19, 20. — Annuaire du Calvados, An. 1832, p. 38, 39.

Barbacioné,
Si tu viens dans men clos
J' te brul' la barbe et l' zos !
Adieu, Noé !
Il est passé.
Pipe è pommié,
Guerbe è boissé !

« L'usage de la couline (torche de paille) doit
» nous produire du lait, une pipe de cidre par
» pommier, un boisseau de blé par gerbe ; car
» mon père boit bien et ma mère boit encore mieux.
» Mon père boit à plein guichon (jatte de terre),
» ma mère boit à plein chaudron, quant à moi, je
» bois à pleine terrine.

» Adieu, Noël ! il est passé. La couline doit nous
» produire du lait, un boisseau de blé par gerbe,
» une pipe de cidre par pommier ; elle doit nous
» procurer du beurre et du lait, enfin tout en
» abondance.

» Taupes et mulots, sortez de mon clos, ou je
» vous casse les os ! Barbacioné (sorte de génie
» malfaisant), si tu viens dans mon clos, je te
» brûle la barbe et les os. Adieu, Noël, il est passé,
» la couline doit nous produire une pipe de cidre
» par pommier, un boisseau de blé par gerbe.

Sans attacher une grande importance à l'opinion que nous allons émettre, nous dirons que nous ne croyons pas que ces deux usages bizarres nous viennent d'aussi loin ; ils n'ont point dû devancer la prédication du christianisme dans le VIIe siècle, et peuvent même n'avoir pris naissance que plus tard, à l'époque où Charlemagne chercha à donner plus d'éclat aux solennités du catholicisme, ou bien à celle où l'on fit commencer l'année du jour de la nativité de Jésus-Christ. Quant aux torches et aux brandons enflammés, s'ils ne représentent pas l'étoile des mages, ce qui serait assez probable, nous pensons qu'ils n'ont pas plus de rapports avec la nuit-mère des Saxons qu'avec les fêtes de l'*Eguinha-né* des Bretons, qu'avec les arbres de Noël des protestants d'Allemagne, ou les feux de la Saint-Jean, communs à presque toute l'Europe ; mais qu'ils sont une manifestation d'allégresse pareille à celle des feux de joie et des illuminations de nos réjouissances publiques. Du reste, nous arrêterons ici nos observations, une discussion de ce genre étant plutôt du domaine de l'antiquaire que de celui de l'historien, et nous ne nous serions assurément point engagés dans celle-ci, si elle ne nous eût donné l'occasion de parler de deux coutumes tellement enracinées, que jamais on n'a pu les faire cesser un instant, pas même en 1793, alors que les représentants du peuple les avaient défendues comme superstitieuses et capables d'amener de funestes incendies par les imprudences qu'elles autorisaient. (¹)

A l'exception de tombeaux dont l'identité n'est pas même bien confirmée, la rapidité avec laquelle les autres peuplades qui envahirent le Bessin, se mêlèrent à la petite colonie saxonne, a empêché qu'il ne soit demeuré dans ce canton des traces de leur passage jusqu'à l'époque des expéditions des North-men. (²)

Ces derniers, dont la mythologie, la langue, les habitudes sont, à peu de perfectionnements près, les mêmes que celles des Saxons, et qui ont peut-être été, comme tous les pirates scandinaves, * confondus avec eux dans les états chrétiens (³), pa-

810-924.

---

(1) L'art de vérifier les dates, édition 1818, t. i, p. 3 et 8, 9, 10 — De la Rue, Essais hist. sur la ville de Caen, t. i, p. 259, 260. — On peut encore consulter sur les fêtes de Noël ou de la St-Jean, en Allemagne, en Italie et en France le charmant *conto fantastique* d'Hoffmann, *Maître Floh* et les articles spéciaux du *Magasin pittoresque*, année 1834, p. 71, et du *Musée des familles*, année 1835, p. 61, et surtout un article fort intéressant de la *Revue des états du Nord*, numéro de janvier 1836.

(2) L. Dubois, Archives de la Normandie, t. i, p. 261, 262.

* Les North-men sont indifféremment nommés *Danois, Scandinaves, Normands,* par les auteurs qui ont écrit leur histoire.

(3) Schœning, Histoire de Norwège, t. i, p. 178, cité par Depping, Hist. des expéditions maritimes des Normands, t. i, p. 94, 95.

raissent avoir eu une civilisation beaucoup plus avancée. On s'aperçoit, en examinant leur conduite pendant leurs conquêtes en France, qu'ils avaient déjà une sorte de subordination militaire, une espèce de tactique supérieure quelquefois à celle des descendants des guerriers de Charlemagne qu'ils attaquaient. On les voit avec étonnement se servir de ces moyens ingénieux inventés par les Romains pour avancer un siége, et dont les terribles résultats nous épouvantent encore aujourd'hui, malgré l'avantage de nos découvertes modernes sur les leurs. On est surpris de les voir sous les murs d'une ville, construisant des machines pour se garantir des traits des assiégés, employant des galeries surmontées de planches et de claies pour s'approcher de la place; faisant usage de tours roulantes garnies de soldats, de béliers dont les coups redoublés détruisaient les remparts, de balistes pour lancer au loin des poutres et des dards, de catapultes qui jetaient avec fracas d'énormes pierres et des matières combustibles, de chariots traînant d'immenses fortifications chargées d'hommes, de brûlots enfin dont l'idée première semble leur appartenir. Leurs armes n'étaient point inférieures à celles de leurs adversaires, et c'était par leur courage et leur finesse qu'ils obtenaient une supériorité marquée sur les Franks dégénérés du VIIIe siècle, dont les grands étaient abrutis par une mollesse efféminée, et les paysans avilis par une servitude honteuse qui leur laissait à peine de quoi subvenir aux besoins d'une vie misérable et découragée. (1)

La patrie qu'ils abandonnaient pour se livrer à leurs voyages belliqueux, n'était pas non plus une terre inculte et sans lois ; des lois y régnaient, au contraire, puissantes et sauvages comme la nation qui les faisait, et ce fut par une conséquence de leur application que Hrolf se vit forcé de prendre la fuite, soit comme on l'a dit, que les dispositions discutées dans un *thing* (conseil judiciaire chez les Danois), l'aient contraint de s'exiler avec une partie d'une population trop abondante, soit que quelque délit commis par lui, en ait fait un proscrit, comme d'autres l'ont cru. (2)

---

(1) Abbo, De obsidione Lutetiæ per Normannos, passim. — Sismondi, Hist. des Français, t. iij, p. 276, 277. — Depping, Hist. des expéd. marit. des Normands, t. ij, ch. 7. — Capefigue, Essai sur les invasions marit. des Normands, p. 154 et suiv. — H. Wheaton, Hist. of the North-men, p. 230 et suiv.

(2) Snorro, Saga de Harald Harfager, ch. 24 ; Depping, Hist. des expéd. marit. des Normands, t. ij, pièces justificatives, p. 316 et s. — Dudo de S. Quintino, De Moribus Norm. ; Duchesne, Script. norm. p. 62 — Guillelmus Gemmeticus, Hist. Normannorum ; Duchesne, Scrip. norm., p. 224. — Benoît de St-Maur, Chronique des ducs de Normandie, l. i ; Depping, Hist. des expéditions marit. des Norm., t. ij, pièces just., p. 273 et s. — Depping, Hist. des expéd. marit. des Norm., t. ij, pièces just. p. 267 et suiv.

Bien des faits, parmi lesquels nous citerons les conditions religieusement gardées de la trève faite pour le rachat de Bothon sous les murs de Bayeux, nous démontrent clairement que ces brigands, qui ne laissèrent pas un instant de repos à la France pendant un long siècle, avaient déjà des notions d'un certain droit des gens, une espèce de point d'honneur chevaleresque, excités par l'amour des femmes et la poésie de leurs *Scaldes* ou poètes, qui les guidaient dans toutes leurs actions. Cette poésie, en effet, n'avait de chants que pour la beauté et pour l'héroïsme inspiré par elle, ne vantait que les périls du guerrier; exaltant son imagination par des métaphores hardies, imprévues, elle faisait passer devant lui les images d'une immortalité de récompenses pour le brave, d'une éternité de honte pour le lâche, qui toutes concouraient à lui faire voir le côté romanesque de ses fatigues sous un glorieux aspect d'indépendance et de renommée. (1)

Avec de semblables dispositions à la sociabilité, il n'est pas extraordinaire que les North-men aient reçu avec enthousiasme les dogmes de la religion

(1) Snorro, Edda, passim — Depping, Hist. des expéd. marit. des Norm., t. ij, p. 234, 235. — Capefigue, Essai sur les invasions marit. des Norm., ch. 1. — H. Wheaton, Hist. of the North-men, ch. 5. — Depping, Introduction à l'histoire de Normandie par T. Licquet, t. j, chap. 3.

chrétienne, qui leur offraient plus de pureté que leur paganisme, et senti l'avantage des lois carlovingiennes sur leurs codes informes, livrés à l'arbitraire et conçus d'après une appréciation ignorante de la véritable morale. A peine établi en Neustrie, Hrolf commença par partager au cordeau les terres concédées par Charles-le-Simple, en faisant d'abord des donations considérables au clergé, qui allait se trouver le seul intermédiaire entre ses soldats et la population subjuguée. — Neuf jours entiers couvert de la robe blanche des catéchumènes, il enrichit de dotations les principales églises qu'il avait saccagées naguère. — Puis lui et les principaux de son armée s'occupèrent de l'organisation civile de leurs nouvelles conquêtes. Maîtres d'une contrée où leurs brigandages avaient brisé toutes les relations entre les gouvernants et les gouvernés, où les campagnes n'étaient plus cultivées, où les temples étaient renversés, les murailles des villes abattues, ils relevèrent les uns et les autres et fournirent des laboureurs aux terres que leurs rapines avaient fait abandonner; ils donnèrent, en les prenant pour guides, une nouvelle vigueur aux idées de devoir et de subordination que les capitulaires des empereurs et des rois, ou les décrets des conciles avaient inspirées; ils consacrèrent les principes de la féodalité naissante, mais y apportèrent un esprit de vie, d'énergie et de liberté surtout, qui seul était capable de constituer les rapports d'existence de chaque individu avec la nation. Ils débrouillèrent ce cahos d'institutions bizarres qui n'avaient jusqu'alors produit que désordre et confusion. Ils assurèrent la prospérité et l'accroissement à venir de la Normandie. (1)

Cependant, quoiqu'en général on reconnaisse que la Neustrie soit redevable à Hrolf des rudiments de sa législation, on ignore quels ils furent et comment il les fit respecter. Le plus ancien de nos recueils de lois donne à entendre que ce fut lui qui établit, sous le nom d'*échiquier*, le tribunal suprême dont les séances se tenaient à Rouen, à Caen, à Bayeux ou à Falaise, et qu'il prit en main le pouvoir législatif et exécutif, par suite du vote d'une assemblée générale dans laquelle il lui fut imposé de maintenir les lois du pays, de gouverner le peuple avec justice, de le défendre et de le garantir. (2)

---

(1) Guillelmus Gemmeticus, Hist. Norm. c. 19; Duchesne, Script. Norm., p. 232, — De la Foi, De la constitution normande, p. 40. — Lafresnaye, Nouvelle histoire de Normandie, p. 53 et suiv. — Goube, Hist. du duché de Normandie, t. i, p. 72, et t. ij, p. 6,7. — Sismondi. Hist. des Français, t. iij, p. 330 et suiv. — A. Thierry, Hist. de la conquête de l'Angleterre par les Normands, p. 160. — Depping, Hist. des expéd. marit. des Normands, t. ij, p. 424 et suiv. — Licquet, Hist. de Normandie, t. i, p. 96, 97.

(2) Basnage, Coutume de Normandie, t. i, p. 2. — Houard, Coutumes anglo-normandes, t. i, p. 264. — Dumoulin, Hist. de Normandie,

Mais aucune certitude n'existe à cet égard pas plus que sur la fameuse *clameur de haro* que la reconnaissance des Normands fait venir aussi de lui. — Quelle qu'elle soit, au surplus, son origine est fort ancienne, et si Hrolf ne l'introduisit pas en Normandie, il la remit du moins en vigueur. A défaut d'une police bien organisée, il lui fallut rendre le peuple responsable des désordres commis : chaque individu dut poursuivre de son propre mouvement les voleurs et les assassins, aussitôt qu'il entendait ce cri de détresse *Haro* ou *Ha Rhou*, sous peine d'une amende considérable.

« A ce cry, dit l'ancien coutumier, doibvent yssir
» (sortir) tous ceulx qui le ont ouy; et se ils voyent
» mesfaict où il y ait péril de vie ou de membres ou
» de larcin, par quoi le malfaicteur doibve perdre vie
» ou membre, ils le doibvent retenir ou crier *haro*
» après luy, aultrement sont-ils tenus à l'amender
» au prince ou de s'en desrener (se défendre en jus-
» tice) qu'ils n'ont pas ouy le cry, se ils en sont ac-
» cusés : se ils tiennent le malfaicteur, ils sont tenus
» à le rendre à la justice et ne le peuvent garder
» que une nuict, si ce n'est pour appert péril. Tous
» ceulx à qui la justice commandera à garder tels

p. 28.— Servin, Hist. de Rouen, t. ij, p. 29, 30.—De la Foi, de la constitution normande, p. 30, 31. —Lettres sur la ville de Rouen, p. 252 et suiv.—Goube, Hist. du duché de Normandie, t. ij, p 7, 8.

» malfaicteurs ou les amener en prison en la ville
» où les malfaicteurs sont, doibvent faire aide de
» leurs corps une nuict et ung jour ou d'aultres
» pour eulx qui soient suffisans à les mener en
» prison, et ce est appelé le *plet de l'espée* ; car
» ceulx malfaicteurs doibvent être refrenez (arrê-
» tés) à l'espée et aux armes, et doibvent être
» mis en prison et lyez. »

Le temps sanctionna une ordonnance aussi utile aux citoyens et à la conservation de la propriété que l'était cette clameur, en lui donnant plus d'empire et plus de force ; et, deux cents ans plus tard, la puissance du conquérant de l'Angleterre s'abaissa devant elle, quand un simple bourgeois vint couvert de cette égide redoutable et armé du bon droit, réclamer contre l'injustice et redemander à son cadavre le prix de quelques pieds de terre. (1)

Si ces réglements, peut-être trop bien combinés pour qu'on puisse les croire l'œuvre d'un chef de barbares, ne furent point légués aux générations

---

(1) Ancien Coutumier normand, ch. 54. — Basnage, Coutume de Normandie, t. i, p. 112. — Pesnelle, Coutumier normand, ch. 2. — Dumoulin, Hist. deNorm , p. 29. — Goube, Hist. du duché de Norm., t. ij, p. 8. — Depping, Hist. des expéd. marit. des Norm., t. ij, p. 132, 133. — Capefigue, Essai sur les invasions marit. des Norm., p. 185. — H. Wheaton, Hist. of the North-men, p. 257 et suiv.

postérieures par Hrolf, toujours est-il qu'il sut faire respecter son autorité, et tenir avec fermeté les rênes de son gouvernement. Avec des hommes tels que ceux qui lui obéissaient, accoutumés à s'enrichir des biens d'autrui et à mépriser la vie, il eut besoin d'employer une grande sévérité contre le vol et la violence ; aussi punit-il du dernier supplice jusqu'aux recéleurs. Il voulut que la crainte du châtiment effrayât tellement les malfaiteurs, et donnât à ses sujets une sûreté telle qu'on n'eût pas même besoin de veiller sur les effets précieux. On raconte que, pour s'assurer de l'efficacité de ses menaces, il avait fait suspendre des bracelets et des anneaux d'or aux arbres des forêts et aux croix des chemins, et qu'ils y étaient encore long-temps après sa mort. Une vieille tradition veut même qu'une croix de pierre placée à Caen auprès de l'église du Sépulcre et abattue par les protestants en 1562, ait été élevée pour cet usage par le premier duc, ainsi qu'une autre croix qui se trouvait dans le pays d'Auge, sur la route de Caen à Rouen, auprès d'une mare que, depuis ce temps, on nomma la *Mare-aux-anneaux*. ([1])

([1]) Dudo de S. Quintino, de moribus Norm , l. ij ; Duchesne, Script. Norm. p. 86. — Guillelmus Gemmeticus , Hist. Norm. , l. ij., c. 20 ; Duchesne, sc. norm., p. 232. — Robert Wace, Roman de Rou, éd. Pluquet, p. 97 , 98 , 99. — Chronique de Normandie, f. 18. — De Bras, antiquitez de Caen , p. 11. — Houard , Coutumes anglo-normandes, t. i, disc. prél. p 46.

Les North-men, en embrassant le christianisme de bonne foi, et s'y portant avec l'ardeur qu'ils mettaient à toutes choses, et avec la ferveur commune aux nouveaux convertis, devinrent les plus zélés constructeurs d'édifices religieux qu'il y eût en Europe. Prenant les ordres du clergé pour lequel ils travaillaient, ils conservèrent d'abord l'art comme l'avait fait celui-ci ; ne changeant rien à l'architecture romane, alors générale en France, ils bâtirent et sculptèrent dans un style élégant déjà, qu'ils devaient peu à peu perfectionner à mesure que leurs pensées s'agrandiraient, pour arriver à cette architecture noble et hardie dont notre pays garde tant de manifestations admirables. ([1]) Tout souvenir des monuments de leur patrie disparut devant l'espèce d'engouement avec lequel ils bâtirent des temples chrétiens : nulle part, en Normandie, on ne rencontrera de forts danois ni de châteaux, comme dans le nord de l'Ecosse, les Orcades et les Hébrides. Tout ce qui sortit de leurs mains est calqué sur les modèles qu'ils trouvèrent en arrivant. Il semble que le sentiment du beau qui inspira leurs artistes durant la période du moyen-âge, leur fit rejeter, dès leur

---

(1) De Caumont, Essai sur l'architecture religieuse au moyen-âge, Mém. de la société des Ant. de Norm., p. 558 et suiv. — Depping, Hist. des expéd. marit. des Norm., t. ij, p. 210, 211.

entrée en Neustrie, tout ce que leurs idées pouvaient avoir de grossier et de sauvage.

Leur langage subit la même révolution : les prêtres qui leur prêchaient l'évangile, parlaient le français roman ; ils fréquentèrent leurs écoles, écoutèrent les leçons de leurs catéchismes, assistèrent à leurs sermons. Les femmes qu'ils avaient amenées de la Scandinavie étaient en trop petit nombre pour qu'ils ne se vissent pas obligés de contracter des unions avec les Françaises et d'entretenir des relations avec leurs familles. Les enfants furent élevés par ces femmes, et entendirent un langage étranger à celui de leurs pères. Ainsi s'éteignit l'idiôme des North-men, remplacé peu à peu par un dialecte plus doux et plus harmonieux ; la langue des Scaldes ne fut plus parlée que par les habitants des côtes qui conservèrent encore long-temps des rapports de commerce et communiquèrent avec leurs compatriotes du Nord. Dès la deuxième génération, Guillaume-Longue-Epée désirant que son fils Richard apprît à s'exprimer dans la langue de ses aïeux, fut contraint de l'envoyer dans le Bessin, où elle s'était retranchée, et où elle se conserva, sans doute en s'altérant insensiblement, jusqu'à la moitié du XIe siècle. ([1]) —

([1]) Dudo de S. Quintino, de moribus Norm., l. iij; Duchesne, Script.

C'est ce que confirme l'anecdote d'un comte normand nommé Henri, qui, présenté à la cour de Guillaume Ier, roi de Sicile, s'excusa de ne pas savoir parler français. (¹)

La mémoire de la Scandinavie disparut avec les derniers mots de l'idiôme danois.

C'est en vain maintenant qu'on chercherait quelque témoignage du séjour des anciennes colonies du Nord dans la province à laquelle elles donnèrent leur nom. Hormis de faibles analogies qui peuvent être restreintes à deux ou trois faits insignifiants; par exemple : celui de la ressemblance des bonnets des Cauchoises avec ceux des femmes d'Islande ; (²) tout ce qu'on a découvert a pris une physionomie française et moderne. On croirait que

---

Norm., p. 112 — Beziers, Hist. somm. de la ville de Bayeux, disc. prél. p. 18, 19. — Sismondi, Hist. des Français, t. iij, p. 334. — Pluquet, Mém. sur les Trouvères norm.; Mém. de la Société des Ant. de Norm., t. i, p. 369. — Capefigue, Essai sur les invasions marit. des Norm., p. 295. — Licquet, Hist. de Norm., t. i, p. 122.

(1) Fulcandus, cité par Bonamy, Dissertation sur les causes de la cessation de la langue tudesque en France, Mém. de l'Académie des inscriptions, t. xxiv. — Depping, Hist. des expéd. marit. des Norm., t. ij, p. 229.

(2) Estrup, Remarques faites dans un voyage en Normandie; Copenhague, 1821, cité par Depping, Hist. des expéd. marit. des Norm., t. ij, p. 204. — Bulletin des sciences géographiques, mai 1831, p. 343, d'après un ouvrage intitulé Voyage en Islande et au mont Hécla en 1827.

le baptême, qui imposa à ces peuples féroces et indomptés une religion de douceur et d'obéissance, en fit des hommes nouveaux. Ils dirigèrent leur esprit vers tous les genres d'études, leur imprimèrent un mouvement jusqu'alors inconnu, et les mirent rapidement en marche vers le progrès. Les arts y gagnèrent ces édifices audacieusement jetés dans l'espace, effrayant par leur légèreté et leur grandiose, conceptions sublimes d'une dévotion exaltée. Le génie des Scaldes apporté avec eux régularisa le patois roman et le rendit propre à une poésie pleine de verve et de feu, capable de se prêter aux fictions et au merveilleux des plus riches imaginations. Les Normands surent enfin employer leur vivacité, leur énergie et leur finesse dans la paix, avec autant de succès qu'ils l'avaient fait pendant leurs invasions ; et, si quelque chose de leur ancien caractère leur demeura dans ce changement complet d'habitudes et de goûts, ce fut seulement l'esprit aventureux et téméraire qui les conduisit à tenter tant de grandes choses, et les jeta dans les périlleuses entreprises par lesquelles ils devinrent à la fois maîtres de la Sicile, de l'Italie et de la Grande-Bretagne.

LIVRE II.

DEPUIS L'ANNÉE 924, ÉPOQUE A LAQUELLE LE BESSIN FUT CÉDÉ A HROLF, JUSQU'A L'ANNÉE 1204, ÉPOQUE DE LA RÉUNION DE LA NORMANDIE A LA FRANCE.

CHAPITRE PREMIER.

Situation géographique de Caen. — L'Orne. — Son embouchure. — Emplacement présumé de Caen primitif. — Diversité des anciens noms de Caen. — Premières mentions faites de Caen dans les chartes et dans les chroniques. — Guillaume-Longue-Épée. — Richard Ier. — Démêlés entre Louis d'Outremer et Richard 1er. — Bataille de Croissanville. — Second traité de St-Clair-sur-Epte. — Richard II. — Révolte des vilains sous Richard II. — Caen sous Richard III. — Robert-le-Magnifique.

(924 — 1035.)

CAEN se trouve placé sous le 49e degré, **11'**, **12"** de latitude septentrionale, et le 2e degré de longitude occidentale, méridien de Paris, ou sous le 17e degré, **11'**, **13"** de longitude du méridien de l'île de Fer. *

---

* Le Dictionnaire de Caen et l'Indicateur de la ville de Caen, publiés depuis quelques années, ont donné l'un et l'autre la situation

Située à trois lieues de la mer, au confluent de *l'Orne* et de *l'Odon*, cette ville possède une position avantageuse, dans une vallée riante, au milieu de vastes et belles prairies resserrées entre deux côteaux, d'où l'œil plonge sur ses habitations généralement bien bâties, et dominées par les flèches élégantes de ses nombreux clochers. Elle est arrosée par plusieurs canaux qui unissent les deux rivières. Ses rues sont larges et bien aérées; d'agréables promenades l'entourent de presque tous côtés. Les eaux qui la parcourent et ce luxe de plantations prodigué dans chacun de ses quartiers sont la cause probable de la salubrité dont elle jouit, malgré l'atmosphère de brouillards et de brumes qui la couvre souvent.

Tel est l'aspect moderne de Caen.

Mais il n'en a pas toujours été ainsi, et il serait difficile en remontant les siècles de retrouver ses traits primitifs.

Il n'est guère possible de redonner une forme au passé. Le géologue seul peut maintenant fournir des notions toujours un peu inexactes, même quand il s'aide des lumières de l'antiquaire.

---

géographique de Caen, relativement au méridien de l'île de Fer seulement. Nous avons peine à concevoir les raisons qui ont pu déterminer leurs auteurs à adopter le système des anciens géographes, à l'exclusion de celui qui est généralement usité aujourd'hui.

Autrefois l'Orne traçait des sinuosités multipliées, et son cours, on le croit, se dirigeait en entier à gauche dans le bras, actuellement appelé *la Noë*. Des travaux considérables exécutés à diverses époques firent changer sa direction.

Il y a plus long-temps encore, les riches pâturages que la rivière arrose étaient probablement une baie qui s'étendait depuis Ouistreham jusqu'à Athis, et où les bateaux de tous nos peuples envahisseurs venaient mouiller. Le temps ou la main des hommes la desséchi. Ce ne fut néanmoins pas immédiatement que ces changements s'opérèrent. Des savants même ont renvoyé jusqu'à Charles-le-Chauve le moment où le terrain devint assez ferme pour permettre d'y former une chaussée; mais, pour le prouver, ils basent leurs raisonnements géognostiques sur des conjectures tellement vagues, tellement douteuses, que nous nous contenterons de consigner leurs opinions sans nous en porter juges ni garants. (1)

On présume que les Sesnes du Bessin construisirent d'abord leurs cabanes à l'endroit où est assis maintenant le Château, en s'étendant le long de la colline sur laquelle cette citadelle fut depuis éle-

---

(1) De la Rue, Essais hist. sur la ville de Caen, t. i, p. 42 et suiv. — M. Pattu, Observations sur le cours de la rivière d'*Orne* dans la ville de Caen; Mém. de l'Académie de Caen, an. 1825, p. 110 et suiv.

vée, et qu'ils envahirent ensuite le territoire actuel de la ville, à mesure que leur population augmenta, et que de nouvelles colonies de leurs compatriotes se joignirent à eux. Ce qui vient à l'appui de cette opinion, c'est que les premiers établissements publics, tels que les tribunaux, les prisons, les marchés, les boucheries, les hôpitaux, etc., sont tous fort rapprochés du Château.

Quelques personnes ont cru reconnaître un second élément de notre cité dans une partie du faubourg de Vaucelles appelée encore aujourd'hui le *Petit-Camp* (*Parvulus Campus*), qui, par une corruption assez concevable, aurait changé contre cette nouvelle dénomination son ancien nom de *Petit-Caen* (*Parvulus Cadomus*). Suivant elles, une colonie de Saxons, émigrée dans les dernières années des invasions, trouvant la partie gauche de l'Orne déjà occupée par des hommes de sa nation, se serait emparée de la rive droite, et y aurait jeté les fondements d'une autre bourgade. Les communications fréquentes des deux peuplades auraient fait le reste. Cette opinion, qui nous paraît très-vraisemblable, peut, nous le croyons, être adoptée sans crainte, puisqu'elle sert à corroborer, plutôt qu'elle ne les combat, les preuves qui témoignent de l'antiquité de la colline du château comme siége de la ville primitive, et qu'en l'admettant, c'est plutôt ajouter un corollaire à une proposition déjà énoncée que produire un nouveau système.

On a réfuté depuis long-temps, d'une manière positive, plusieurs écrivains qui avaient prétendu reconnaître dans la paroisse Saint-Étienne les commencements de Caen. (1)

Cette ville est désignée par les chartes et les livres des trouvères sous une multitude d'appellations latines ou romanes, qui se résumèrent, vers le XVe siècle, dans les deux dénominations, qui ont enfin prévalu, de *Cadomus* et de *Caen*. Ainsi, on la rencontre indifféremment nommée, dans les vieux actes : *Cadon, Cathim, Cadun, Cadum, Cathum, Cahom, Cahem, Cathomum, Cadonum, Cadumus, Cadunum, Cademum, Cadenum, Cadomum, Cadamus, Cadamum, Cadomæ, Cadonæ, Camodum, Cadimum, Cardomum, Cadenrum, Camum, Canum, Cadomagus* et *Campodomus*; et par les premiers poètes français : *Cahem, Chaem, Caem, Caam, Caan, Chaam, Caame, Cham, Cam, Kame, Cane* et *Kan*. Ces auteurs

---

(1) De Bras, Recherches et Antiquitez de la ville de Caen, éd. 1588, p. 13. — Huet, Origines de Caen, ch. 3 et 6. — De la Rue, Essais hist. sur la ville de Caen, t. 1, p. 42 et suiv. — Annuaire du Calvados, 1831, p. 40, 41.

n'avaient même point adopté une manière uniforme d'écrire son nom dans leurs ouvrages, puisqu'on retrouve la plupart de ces variantes dans le *Roman de Rou* de Robert Wace et dans l'*Histoire des ducs de Normandie* de Benoit de St-Maur. (¹)

Le plus ancien titre qui fasse mention de Caen est une charte de l'abbaye de Fécamp, souscrite dans l'année 1006; (²) * mais la Chronique de Normandie, qui date de la seconde moitié du XIIIe siècle, la fait figurer comme cité importante dès 945, époque des démêlés de Richard Ier avec le roi de France. **

Les détails de ces faits offrent d'autant plus d'in-

---

(1) De Bras, Recherches et Antiquitez de Caen, éd. 1588, p. 3. — Huet, Origines de Caen, ch. 19. — De la Rue, Essais hist. sur la ville de Caen, t. i, p. 2, 3; 4. — Annuaire du Calvados, 1831, p. 37.

(2) Neustria pia, p. 247. — Gallia christiana, Instrumenta ad tomum xi, Charta regis Roberti pro Fiscannensi Monasterio, p. 8, 9. — Annales ordinis sancti Benedicti, t. iv, l. lii, p. 185.

* M. De la Rue cite comme le premier titre qui fasse mention de Caen une charte du duc Richard II, souscrite en 1015; mais il se réfute lui-même quelques pages plus loin, en faisant mention de la charte que nous indiquons, pour prouver l'importance de Caen à cette époque.

** On a prétendu que cette chronique avait été écrite en 1487 par Guillaume-le-Talleur : il n'en fut réellement que l'éditeur; elle date de la seconde moitié du XIIIe siècle, ainsi que le prouvent les éditeurs du Miracle de Notre-Dame, de Robert-le-Diable, 1836, p. 153, 154.

térêt à notre histoire que c'est, pour ainsi dire, sous les murs de notre ville que leur dénouement eut lieu, et qu'ils décidèrent entièrement du salut du nouveau duché.

Nous allons les reprendre d'un peu plus haut.

Le fils de Hrolf, *Guillaume-Longue-Épée*, par dévouement ou par politique, semblait avoir pris à cœur de tenir les serments de fidélité qu'il avait faits au roi de France en recevant de ses mains la couronne ducale; et, quoique lui-même il eût été occupé par des guerres continuelles avec les Bretons qu'il chassa avec peine de Bayeux dont ils s'étaient emparés, (1) son influence avait contribué à rétablir sur son trône *Louis d'Outremer*, malgré les nombreuses factions qui s'opposaient à son retour : il l'y avait soutenu contre leurs efforts réunis pour l'en faire descendre, et l'y avait maintenu. La reconnaissance obligeait donc le fils de Charles-le-Simple à le servir : il n'en fut pas ainsi. Préférant suivre les conseils de l'astuce et de la

931

---

(1) Dudo de sancto Quintino, l. iij ; Duchesne, Hist. Norm. Script. p. 93. — D'Argentré, Hist. de Bretagne, p. 193. — Lafresnaye, Nouvelle Hist. de Normandie, p. 62. — Depping, Hist. des Expéd. marit. des Normands, t. ii, p 144.

fraude, il lui tendit fréquemment des embûches, commençant par là ces luttes acharnées qui ne se terminèrent que cinq cents ans plus tard, au profit de la monarchie française. (1)

943.   Guillaume échappa long-temps aux piéges qui lui étaient tendus ; mais enfin il tomba sous les coups d'*Arnoult*, comte de Flandre, et des assassins qu'il payait. Louis d'Outremer fut-il étranger à ce crime ? On l'ignore ; mais on pourrait présumer le contraire d'après la manière dont il chercha à en profiter pour reconquérir la province que la faiblesse de son père avait détachée de son royaume. (2)

Nous avons dit que *Richard* avait été envoyé à Bayeux pour y faire son éducation ; il ne reparut à Rouen que pour assister aux funérailles de son père, et trouva, dès son arrivée, le roi de France qui, venu sous prétexte de confirmer le fils de Guillaume dans l'héritage paternel, avait commen-

---

(1) Frodoard, Chronique ; Guizot, Collection des Mémoires relatifs à l'histoire de France, t. vi. — Dudo de sancto Quintino, De Moribus et Actis Norm., l. iij ; Duchesne, Hist. Norm. Script. — Guillelmus Gemmeticus, Hist. Normannorum ; Duchesne, Hist. Norm. Script., p. 235 et suiv. — Hugo Floriacensis, De modernis Francorum Regibus ; Script. fr., t. viij, p. 320.

(2) Dudo de sancto Quintino, De Moribus Norm. ; Duchesne, Hist. Norm. Script., ant., p. 104, 105. — Guillelmus Gemmeticus, Hist. Normannorum, l. iij ; Duchesne, Hist. Norm. Script. ant. — Et tous les historiens postérieurs.

cé par s'établir dans son principal palais. En même temps, ce prince l'avait entouré d'une garde tellement sévère que les Normands soupçonnant ses motifs, se révoltèrent pour le contraindre à mettre leur jeune duc en liberté, et ne l'abandonnèrent enfin à sa bonne foi que quand, par ses promesses et ses flatteries, il les eut convaincus de son amitié et de ses intentions bienveillantes à son égard. (1)

Mais à peine Richard fut-il en son pouvoir que Louisse retira à Compiègne. De là, il fit un traité avec le meurtrier du père de son pupille Arnoult, qu'il s'était engagé à punir. On le vit bientôt reparaître à la tête d'une armée, dans la Haute-Normandie, dont il s'empara presque sans coup férir. Ravageant le Vexin normand, (2) il fit fuir devant lui ce qu'il restait des anciens compagnons de Hrolf, qui gagnèrent la mer, et préférèrent de

---

(1) Frodoard, Chronique; Guizot, Collection des Mémoires relatifs à l'histoire de la France, t. vi, p. 118, 119. — Dudo de sancto Quintino, De Morib. Norm, l. iij; Duchesne, Hist. Norm. Script. ant., p. 114, 115. — Guillelmus Gemmeticus, Hist. Norm., l. iv; Duchesne, Hist. Norm. Script. ant. — Licquet, Hist. de Norm., t. i, p. 126 et suiv.

(2) Dudo de sancto Quintino, De Moribus Norm.; Duchesne, Hist. Norm. Script ant., p. 116, 117. — Guillelmus Gemmeticus, Hist. Norm., l. iv.; Duchesne, Hist. Norm. Script. ant., p. 240. — Robert Wace, Roman de Rou, éd. Pluquet, t. i, p. 167 et suiv.

nouveau les chances incertaines d'une vie aventureuse à une déshonorante obéissance envers l'héritier d'un prince abaissé par eux jusqu'à le soumettre à leurs volontés. (1)

Tandis qu'il occupait ainsi frauduleusement la rive droite de la Seine, *Hugues-le-Grand*, dévastant tout sur son passage, s'emparait de l'Hiesmois, et s'avançait dans le Bessin que Louis lui avait promis dans le cas où il l'aiderait dans son entreprise. (2)

Cependant les chefs normands croyant leur résistance inutile avaient d'abord cédé à la force, et employant à leur tour la dissimulation, s'étaient si bien faits les courtisans du monarque français, qu'eux seuls étaient admis dans son palais à Rouen. Déjà ils étaient parvenus à soustraire Richard à son active surveillance. (3) Un d'entre eux surtout, *Bernard-le-Danois* avait si bien réussi à capter ses

---

(1) Frodoard, Chronique; Guizot, Collection des Mémoires relatifs à l'histoire de France, t. vi, p. 123. — Licquet, Histoire de Normandie, t. i., p. 128.

(2) Frodoard, Chronique; Guizot, Collection des Mémoires relatifs à l'histoire de France, t. vi, p. 123. — Guillelmus Gemmeticus, Hist. Norm., l. iv; Duchesne, Hist. Norm. Script. ant., p. 241. — Robert-Wace, Roman de Rou, éd. Pluquet. t. i, p. 168.

(3) Guillelmus Gemmeticus, Hist. Norm., l. iv; Duchesne, Hist. Norm. Script. ant., p. 240 — Ordericus Vitalis, Hist. Ecclesiastica, l. v; Duchesne, Hist. Norm. Script. ant.

bonnes grâces que le roi ne pouvait se passer de lui, et que même le peuple, toujours prompt dans ses jugements, commençait à voir en lui un traître à son pays et à son premier maître. Déjà pourtant il l'avait poussé à s'aliéner l'esprit de ses partisans en l'engageant à lever des impôts multipliés, et il avait en outre semé la mésintelligence entre Hugues et lui par des rapports mensongers et de perfides conseils jetés alternativement de l'un à l'autre; mais la foule ignorait ses manœuvres occultes, et ne remarquait que ce qu'il cherchait à paraître. Enfin, assure la chronique, « Quand Bernard-le-
» Danois vid le temps et lieu oportun, il vint dire
» au roy : Sire, nous tous vos hommes de ce païs,
» avons désiré une paix ferme et stable, nous
» l'aurons si Dieu plaist par vostre moyen, si bon
» seigneur avons perdu, meilleur avons recouvert.

» Le duc Guillaume nous estoit bon seigneur,
» doux et amiable, et pour ce l'aimions fort,
» aussi ferions-nous son fils s'il le vallait. Toute
» Normandie est de présent en vostre obéissance,
» advisez comme vous la gouvernerez et y serez le
» plus fort. J'ai entendu que vous avez donné à
» Huë-le-Grand (Hugues), tout le païs d'outre-
» Seine, qui est la fleur des bonnes villes, forte-
» resses et chevaleries, et le plus fertille territoire
» de tout le païs. En ce païs croissent les vivres

» dont Rouen et tout le païs d'environ sont nour-
» ris et soustenus. En cestuy païs sont les villes
» d'Avrenches, Constances, Bayeux, Lysieux,
» d'Evreux, *Caen*, Fallaise, et autres bonnes
» villes et chasteaux. Audict païs sont les bons
» gensdarmes et soldats dont le duc Guillaume s'ai-
» dait, et acquit l'honneur qu'on lui donne. Là
» sont les riches marchands et laboureurs dont les
» seigneurs et gentils hommes du païs se peuvent
» aider. Ayez regard à ce que Huë-le-Grand a vou-
» lu entreprendre contre vous et les vostres, et
» aussi avertit comme il vous obeyra. Sa puissance
» augmentée de la moitié, veu que par cy devant
» a souvent désobey à vos commandements. Brief,
» sans vin, c'est le plus plantureux (abondant)
» païs du monde, ne le laissez pas tomber en
» autre main que la vostre, et ne permettez
» qu'il soit gasté, puisque vous l'avez à vostre dé-
» votion, sans coup frapper. Mandez à Huë-le-
» Grand qu'il cesse à le destruire, retenez le païs
» pour vous, si me croyez, sans en faire part
» à Huë-le-Grand, car si vous le permettez
» une fois, vous en serez dolent, et ne le retirerez
» **pas de sa main quand vous voudrez.** » (1)

(1) Chronique de Normandie, éd. 1610, f. 32. — Guillelmus Gemmeticus, Hist. Norm. l. iv. Duchesne, Hist. Norm. Script ant., p. 241
et suiv. — Robert Wace, Roman de Rou, éd. Pluquet, t. i, p. 171,
172 et 173. — Goube, Hist. du duché de Normandie, t. j, p. 96, 97.

Louis d'Outremer, dont la présomption augmentait en raison de ses succès, et pour qui la foi jurée n'était qu'un frein facile à briser, ne manqua pas de recevoir favorablement ces avis dangereux et de les voir sous la face que lui présentaient ses ambitieux désirs. Maître de la Haute-Province, il voulut ajouter à cette première conquête celle du reste du pays. Sur-le-champ un ordre sévère fut envoyé à Hugues-le-Grand ; il lui était fait défense de prendre possession du comté dont ses services devaient être payés. Trop faible pour résister, le comte de Paris obéit, mais il ne se retira pas sans menacer le roi d'une vengeance terrible, y préludant déjà par le pillage des campagnes qui avaient dû lui appartenir. (1)

Le roi s'attendait à moins de condescendance de la part de Hugues : cette facilité à céder à ses ordres porta son orgueil à son comble. Ses projets d'envahissement et de tyrannie ne furent plus cachés, il s'en fit au contraire un mérite auprès de ceux qu'il avait admis dans son intimité, leur promit les dépouilles des rebelles qui n'avaient point encore consenti à devenir ses sujets, et en vint

---

(1) Ordericus Vitalis, Hist. Ecclesiastica ; Duchesne, Hist. Norm., Script. ant., p. 619, 620. — Robert Wace, Roman de Rou, éd. Pluquet, t. i, p. 175, 176, 177. — Chronique de Normandie, éd. 1610, f. 32. — Goube, Hist. du duché de Normandie, t. i, p. 97, 98. — Licquet, Hist. de Norm., t i, p. 129.

même à leur octroyer avec le partage de leurs biens la possession de leurs femmes si elles leur convenaient. (1)

C'était là où les conspirateurs l'attendaient. La révolte ne tarda pas à éclater de toutes parts. (2)

993.	Sur ces entrefaites, une armée de North-men ramenée par ceux qui avaient fui devant le roi de France, débarqua dans le Bessin, et s'y cantonna. Elle était commandée par un chef belliqueux, *Harald*, surnommé par les Danois *Blaatand*, c'est-à-dire à la dent bleue ou noire; il était fils de *Gorm-le-Vieux*, roi de Danemark et allié de Richard. On le reçut comme un sauveur, et, quelques jours après, sa flotte composée de vingt-deux gros navires, appareilla de nouveau, et se dirigea vers l'embouchure de *la Dive*, d'où, après avoir envoyé un message à Louis pour lui proposer une conférence, ses guerriers vinrent s'établir dans les champs de *Croissanville*.

---

(1) Robert Wace, Roman de Rou, éd. Pluquet, t. i, p. 178, 179, 180. — Chronique de Normandie, éd. 1610, f. 33. — Dumoulin, Hist. générale de Normandie, l. iij, p. 67. — Capefigue, Essai sur les invasions marit. des Normands, p. 446, pièces justificatives.

(2) Frodoard, Chronique; Guizot, Collection des Mémoires relatifs à l'Histoire de France, t. vi, p. 125. — Robert Wace, Roman de Rou, éd. Pluquet, t. i, p. 184. — Benoît de St.-Maur, Chronique de Normandie, cité par Depping, Hist. des expéd. marit. des Normands, p. 163.

Louis d'Outremer, qui déjà se repentait de sa précipitation à se priver d'un allié, accepte le rendez-vous, et vient imprudemment avec une avant-garde peu nombreuse s'établir à *Bavent* et dans les villages environnants. Croyant éblouir l'étranger par un appareil inconsidéré de richesse et de splendeur, il avait logé ses troupes dans des tentes brillantes d'or et de soieries. (1)

Ici un piège lui était tendu, nous le croyons du moins, quoique les historiens compatriotes cherchent à disculper les Danois, en supposant une querelle survenue entre ceux qui composaient la suite des deux rois. A peine la négociation est-elle commencée que les North-men aidés des habitants tout-à-coup insurgés de l'Avranchin, du Cottentin, du Bessin et du Cinglais, se précipitent sur les Français, les mettent en déroute et les culbutent dans la Dive, en massacrant tous ceux qui se trouvent sur leur passage. Dix-huit de leurs principaux seigneurs perdent la vie sans pouvoir se défendre. Le roi lui-même forcé de prendre la fuite, est bientôt ramené prisonnier à Rouen, d'où il ne peut sortir qu'en livrant en ôtage son propre fils, ainsi que ses barons les plus puissants, et en

---

(1) Benoît de St-Maur, Chronique de Normandie, cité par Depping, Hist. des expéd. marit. des Normands, p. 163.

faisant l'abandon de tous les droits de la couronne de France à des services féodaux de la part des ducs de Normandie, à l'exception de l'obligation de l'hommage qui ne les engageait à rien. (¹)

946.   Ce fut encore à Saint-Clair-sur-Epte que fut conclu ce nouveau traité qui acheva d'enlever à la France une de ses plus belles provinces, et ne laissa à ses princes qu'une suzeraineté illusoire. (²)

Cette victoire eut aussi un autre effet que celui d'affermir les Normands dans les droits qu'ils avaient conquis. Leur force s'en accrut d'une telle manière que le plus puissant seigneur du dixième

---

(1) Frodoard, Chronique, Guizot, Collection des Mémoires relatifs à l'Hist. de France, t. vi, p. 125. — Dudo de sancto Quintino, De Moribus et Actis Normannorum, l. iij; Duchesne, Hist. Norm., Script ant., p. 122, 123, 124. — Guillelmus Gemmeticus, Hist. Norm., l. iv; Duchesne, Hist. Norm. Script. ant., p. 242. — Robert Wace, Roman de Rou, éd. Pluquet, t. i, p. 168 et suiv. — Chronique de Normandie, éd. 1610, f. 33, 34, 35. — Dumoulin, Hist. générale de Normandie, p. 67, 68 — Masseville, Hist. somm. du duché de Normandie, t. i, p. 118, 119. — L'art. de vérifier les dates, éd. 1819, t. iv, p. 3. — Sismondi, Hist. des Français, t. iij, p. 426, 427. — Wheaton, Hist. of the North-men, p. 294. — Michelet, Hist. de France, t. i, p. 421.

(2) Dudo de sancto Quintino, De Moribus et Actis Normannorum, l. iij; Duchesne, Hist. Norm. Script. ant, p. 126. — Guillelmus Gemmeticus, Hist. Norm.; Duchesne, Hist. Norm. Script. ant., p. 346. — L'art de vérifier les dates, d. 1819, t. iv, p. 3. — Licquet, Hist. de Norm., t. i, p. 133.

siècle, Hugues-le-Grand rechercha leur amitié. Ce fut aussi en partie sur l'alliance de leur duc et sur son crédit que plus tard Hugues Capet compta lorsqu'il tenta le coup hardi qui lui fit changer le titre de comte de Paris contre celui de roi. (¹)

987.

La prépondérance féodale pourtant, que Richard Ier et ses barons acquirent par suite d'une autre guerre contre la France et l'Allemagne coalisées, (²) puis, en aidant à la grande révolution de 987, faillit être fatale à son successeur et entraîner pour l'avenir des conséquences qui eussent pu faire dévier totalement la direction des idées de l'époque, en accélérant leur marche et la dirigeant

(1) Raoul Glaber, Chronique; Guizot, Collection des Mémoires relatifs à l'Hist. de France, t. vi, p. 202, 203. — Guillelmus Gemmeticus, l. iv, ch. 40; Duchesne, Hist. Norm. Script. ant., p 243, 244 et 248. — Dudo de sancto Quintino, De Moribus et Actis Norm. l. iij; Duchesne, Hist. Norm. Script. ant., p. 130. — Dumoulin, Hist. générale de Norm., p. 73, 74. — Sismondi, Hist. des Français, t. iv, p. 1 et suiv. — Michelet, Hist. de France, t. i, p. 427, 428.

(2) Frodoard, Chronique ; Guizot, Collection des Mém. relatifs à l'Hist. de Fr., t. vi, p. 126, 127 — Dudo de sancto Quintino, De Moribus et Actis Norm., l. iij; Duchesne, Hist. Norm. Scrip. ant., p. 131, 132. — Guillelmus Gemmeticus, Hist. Norm. ; Duchesne, Hist. Norm. Script. ant., p. 243, 244. — Robert Wace, Roman de Rou, éd. Pluquet, t. i, p. 499 et suiv.—Chronique de Normandie, éd. 1610, f. 37, 38. — Dumoulin, Hist. générale de Norm., p. 74, 75. — Sismondi, Hist. des Français, t. iij, p. 429, 430. — Michelet, Hist. de France, t. i, p. 421.

vers des changements qui ne s'opérèrent que longtemps après.

A mesure que, semblable à un vaste réseau, la féodalité s'étendait sur toute la surface de l'Europe, le clergé, accomplissant sa mission démocratique, s'établissait médiateur entre les seigneurs et le peuple qu'il représentait; — se constituant le défenseur officieux de l'opprimé contre l'oppresseur, sa seule volonté, manifestée par des excommunications, arrêtait les empiétements du despotisme et de la tyrannie. (1) Mais en Normandie il n'en avait pas été tout-à-fait ainsi. Les nouveaux colons, en se soumettant au christianisme, avaient déjà commencé à faire une distinction entre les deux autorités spirituelle et temporelle. Le gouvernement de Hrolf, aristocratiquemeut militaire, n'avait laissé siéger dans les conseils que les hommes de guerre : (2) cet état de choses avait peu chan-

---

(1) Sismondi, Hist. des Fr., t. iij, p. 142, 143. — Buchez et Roux, ch. iij, et iv, Introduction à l'Hist. parlementaire de la révolution française. — Roux-Ferrand, Histoire de la civilisation en Europe, t. i, p. 306 et suiv., et t. ij, p. 64. — A. Dumas, Gaule et France, p. 146 et suiv.

(2) Dudo de sancto Quintino, De Moribus et Actis Normannorum, l. ij ; Duchesne, Hist. Norm. Script. ant., p. 86. — Guillelmus Gemmeticus, Hist. Normannorum; Duchesne, Hist. Norm. Scrip. ant., p. 232. — Chronique de Normandie, éd. 1610, f. 19, 20. — Dumoulin, Hist. générale de Normandie, p. 31, 32. — Depping, Hist. des expéditions marit. des Normands, t. ij, p. 128, 129. — Capefigue, Essai sur les invasions marit. des Normands, p. 184.

gé sous ses premiers descendants. L'église française avait disparu devant l'église normande. En un mot, si les individus composant les castes dominantes avaient accordé aux évêques et aux moines une grande part dans la direction de leurs consciences, s'ils s'étaient dépouillés eux-mêmes pour les enrichir, s'ils les avaient même sans répugnance laissés s'immiscer dans la direction de leurs affaires privées, ils leur avaient interdit toute participation aux affaires publiques. C'est pour cela que leur influence et celle des institutions évangéliques dont leur esprit grossier n'avait point encore compris la profonde morale, n'avaient pu mitiger les exigences des maîtres de la nation; c'est pour cela que les paysans et les autres classes inférieures gémissaient sous un joug insupportable que chaque instant voyait s'appesantir. (1)

A cette cause s'en joignait encore une autre pour rendre l'oppression plus sensible. Antérieurement à la conquête des North-men, les indigènes avaient joui d'une liberté moins limitée que celle du bas peuple des autres provinces du royaume. Dès le

---

(1) Robert Wace, Roman de Rou, éd. Pluquet, p. 303, 304; Chronique de Normandie, éd. 1610, f. 47, 48. — Dumoulin, Hist. générale de Normandie, p. 93, 94, 95. — Depping, Hist. des expéditions marit. des Normands, t. ij, p. 170 et suiv. — Capefigue, Essai sur les inv. marit. des Normands, p. 418.

IX.e siècle, la Neustrie renfermait des bourgs et des villages constitués en commune, et jouissant d'une indépendance, sinon tout-à-fait complète, achetée en partie par des rentes et des redevances faciles. (1) Mais quand l'invasion les eut réduits à l'état de serfs, quand ils furent contraints de céder aux Normands ou nobles, et de payer les impôts qu'il plaisait à ceux-ci de lever, ils sentirent vivement le contraste de deux existences si différentes, et résolurent, un siècle après la fondation du nouvel état dont ils étaient la partie subjuguée, de détruire l'inégalité des races, de reconquérir leur rang et de réclamer une place et une part d'avantages dans l'organisation sociale.

997. L'exécution de ce dessein généreux ne tarda pas à être rendue nécessaire par la facilité avec laquelle, quand ils se virent victorieux de tous les obstacles, Richard I.er et Richard II accordèrent à ceux qui les approchaient les grâces qui leur furent demandées au détriment des vilains et des bourgeois. — Les priviléges devenant excessifs, le besoin de sûretés et de garanties contre eux dut devenir et devint plus flagrant.

Une année à peine depuis que *Richard II* eut

---

(1) Robert Wace, Roman de Rou, éd. Pluquet, Notes, t. i, p. 307, 308, 309, 340.

succédé à son père, des conventicules se formèrent, dans lesquels on résolut de s'affranchir du pouvoir des seigneurs, d'user des avantages que présentaient les bois et les eaux, et de n'obéir qu'aux lois nouvelles qu'on voudrait s'imposer. (1)

« Quoi ! disaient ceux qui avaient le plus souf-
» fert, les seigneurs ne nous font que du mal :
» on ne peut obtenir nulle grâce de leur part, ni
» par le travail, ni en les payant ; chaque instant
» augmente nos malheurs, nos peines et nos
» fatigues. L'année passée était mauvaise, l'année
» présente est pire ; tous les jours nos bêtes de
» somme sont prises pour les aides et le service ;
» nous sommes accablés, en tout temps, d'assi-
» gnations, de chicanes et de taxes ; il ne nous est
» pas laissé une heure de tranquillité. Chaque jour
» est marqué par un procès : procès pour les fo-
» rêts,* procès pour l'argent, procès pour les usur-
» pations, procès pour les chemins, procès pour

---

(1) Guillelmus Gemmeticus, Hist. Norm. ; Duchesne, Hist. Norm. Script. ant, p. 249. — Robert Wace, Roman de Rou, éd Pluquet, t. i, p. 303 et suiv.— Chronique de Normandie, éd. 1610, f. 47, 48. — Dumoulin, Hist. générale de Normandie, p. 93. —Depping, Hist. des expéditions marit. des Normands, t. ij, p. 172.

* Il paraît que ce mot avait encore une autre signification que celle qu'on lui donne aujourd'hui, il désignait non-seulement les droits sur les bois ; mais encore ceux sur les rivières ; ainsi l'on disait : *la forez des pesches*, *la forest d'eau*, *la forest des poissons*, etc.... — Roquefort, Glossaire de la Langue romane au mot *forest*.

» les biefs,* procès pour les moutures, ** procès
» pour les hommages, procès pour les redevan-
» ces, procès pour le braconnage, procès pour le
» cens, procès pour les disputes, procès pour les
» impôts. Il y a un si grand nombre de prévosts,***
» de bedeaux, **** de baillis, ***** de vieille et
» de nouvelle création, qu'on n'a pas un seul
» moment de paix. Tant de choses nous sont com-
» mandées que nous ne pouvons nous défendre
» devant les gens de justice ; chacun d'eux veut
» gagner son salaire, et nous fait enlever de force
» nos bêtes que nous ne pouvons garder. Il nous

* Un bief est un canal ou réservoir qui fournit l'eau à la roue d'un moulin. Les moulins banaux appartenaient aux seigneurs, et la réparation des biefs était une corvée féodale. — A. Leprevost, Notes du Roman de Rou, éd. Pluquet, p. 304.

** C'était le droit, soit en grain soit en argent, que prenaient les meuniers pour moudre. — Roquefort, Glossaire de la Langue romane, au mot *monée*.

*** Les prévosts, *præpositi*, étaient chargés par les seigneurs du recouvrement de leurs droits. — Hénault, Notes du Roman de Rou, éd. Pluquet, p. 305.

**** Ce nom qui ne se donne plus à présent qu'à un bas officier des églises, désignait autrefois d'autres officiers subalternes municipaux, chargés de fonctions publiques, relatives à la police intérieure des villes et des bourgs. Ils étaient tenus de poursuivre et d'arrêter au besoin les voleurs. « C'étaient, dit le Vieux Coutumier, les mendres sergents qui doibvent prendre les namps et faire les offices qui ne sont pas si honnestes (que ceux des sergents), et les mendres semonces » Il n'y avait pas partout des bedeaux. — E. H. Langlois et Hénault, Notes du Roman de Rou, éd. Pluquet, p. 155 et 305.

***** Le bailli était chargé de rendre la justice.

» faudra abandonner notre terre, n'ayant nulle
» garantie contre les seigneurs et leurs officiers,
» qui viennent encore injurieusement nous appe-
» ler *fils de p......!* Pourquoi nous laissons-nous
» écraser? Mettons-nous hors de danger ; ne som-
» mes-nous pas hommes comme eux? Comme eux
» n'avons-nous pas des membres? ne sommes-nous
» pas aussi grands et aussi capables d'endurer les
» fatigues qu'ils supportent? Le courage seul nous
» manque : unissons-nous, formons une alliance,
» défendons nos personnes et nos biens ; et, s'ils
» veulent nous faire la guerre, nous sommes bien
» trente ou quarante braves paysans contre un
» seul chevalier. Trente garçons vigoureux seront
» assurément des lâches s'ils ne peuvent s'arran-
» ger d'un ennemi qu'ils attaqueront. N'avons-
» nous pas des massues et des pieux, des flèches
» et des bâtons, des arcs, des haches et des gisar-
» mes (piques), et des pierres pour qui n'aura
» point d'armes. »

   Seingnur ne lur font se mal nun ;
   Ne poent aveir od els raisun,
   Ne lur gaainz ne lur laburs.
   Chescun jur vunt à grant dolurs,
   En paine sunt et en anhan.
   Autan fu mal è pis cel an.

Tute jur sunt lur bestes prises
Pur aïes è pur servises ;
Tant i a plaintes è quereles,
E custumes viez è nuveles.
Ne poent une heure aveir paiz.
Tuz en jur sunt sémuns de plaiz :
Plaiz de forez, plaiz de moneies,
Plaiz de purprises, plaiz de veies,
Plaiz de biés, plaiz de moutes,
Plaiz de fautéz, plaiz de toutes,
Plaiz d'aguaiz, plaiz de graveries,
Plaiz de medlées, plaiz de aïes.
Tant i a prevoz è bédels,
Et tant Bailliz viez è nuvels ;
Ne poent aveir paiz nule hure ;
Tantes choses lor metent sure ;
K'il ne se poent desranier,
Chescun vult aveir sun luier.
A force font lur bestes prendre,
Tenir nes' poent, ne desfendre.
Ne poent mie issi garir ;
Terres lur estuum guerpir.
Ne poent aveir nul garant,
Ne vers Seignur ne vers serjant ;
Ne lur tienent nul covenant :
Filz à putain, dient auquant.

Pur kei nus laissum damagier ?
Metum nus fors de lor dangier ;
Nus sumes homes cum il sunt ;
Tex membres avum cum il unt ,
Et altresi granz cors avum ,
Et altretant sofrir poum ;
Ne nus faut fors cuer sulement.
Alium nus par serement ,
Nos aveir è nus desfendum ,
E tuit ensemle nus tenum ;
E se nus voilent guerréier ,
Bien avum cuntre un Chevalier
Trente u quarante païzans ,
Maniables è cumbatans.
Malveis serunt se vint u trente
Bacheler de bele juvente ,
Ki d'un ne se porrunt desfendre ,
S'il le volent ensemle prendre.
A machues è à grant peus ,
A sajetes et as tineus,
As arcs, as haches , as gisarmes ,
Et as pierres ki n'ara armes ;
Od la grant genz ke nus avum ,
Des Chevaliérs nus desfendum.

Telles étaient , suivant Robert Wace , leurs

plaintes, tels étaient leurs plans de défense; mais le duc ne leur donna pas le temps de les réaliser. (1)

Ils venaient de nommer, dans chacune de leurs réunions partielles, deux députés, qui devaient se rendre à une assemblée générale où il serait délibéré sur le mode définitif d'insurrection et d'attaque. Déjà la plupart de ces envoyés s'étaient mis en marche pour le lieu où ils devaient remplir la mission de liberté qui leur était confiée, lorsque Richard II, averti de leur complot, par hazard ou par trahison, et ayant connaissance de leurs sourdes menées, chargea son oncle, Raoul, comte d'Evreux, de conjurer l'orage qui le menaçait, et d'anéantir la rebellion, à quelque prix que ce fût, sans conserver ni pitié, ni ménagements pour les révoltés. (2)

Exécutant ses ordres sans retard, cet homme cruel envoie des courriers dans toutes les directions pour rassembler les chevaliers et leurs gens,

---

(1) Robert Wace, Roman de Rou, éd. Pluquet, t. i, p. 304, 305, 306. — Chronique de Normandie, éd. 1610, f. 48.

(2) Guillelmus Gemmeticus, Hist. Norm., l. v, ch. 11; Duchesne, Hist. Norm. Script. ant., p. 229. — Robert Wace, Roman de Rou, éd. Pluquet, t. i, p. 308, 309. — Chronique de Normandie, éd 1610, f. 48. — Sismondi, Hist. des Français, t. iv, p. 111, 112. — Depping, Hist. des expéditions marit. des Normands, t. ij, p. 172, 173. — Licquet, Hist. de Normandie, p. 181, 182.

et tombant ensuite sur les vilains, qu'il surprend au milieu de leur délibération, il arrête les chefs et quelques-uns des principaux fédérés avec eux, et sans même les juger, il les condamne à des supplices horribles ou à d'atroces mutilations. (1)

Ceux qui s'étaient le plus fait remarquer par leur énergie, il les fit périr soit par le pal, soit en les faisant brûler vifs, soit en les précipitant dans du plomb fondu; les autres, il leur fit brûler les jarrets, arracher les yeux et les dents, couper les pieds et les mains, et les renvoya dans leurs familles, *inutiles pour la vie*. (2)

Il épargna seulement ceux qu'il crut assez riches pour se racheter à force d'argent, mais il leur fit chèrement payer cette grâce : les rançons qu'il exigea d'eux les réduisirent à la plus extrême misère. (3)

Ainsi fut prévenue cette première guerre des petits contre les grands; cette première tentative

---

(1) Guillelmus Gemmeticus, Hist. Normannorum; Duchesne, Hist. Norm. Script. ant., p. 249. — Robert Wace, Roman de Rou, éd. Pluquet, p. 311, 312. — Chronique de Normandie, éd. 1610, f. 48. — Dumoulin, Hist. générale de Normandie, p. 93, 94, — et tous les écrivains postérieurs.

(2) Guillelmus Gemmeticus, Hist. Normannorum, l. v; Duchesne, Hist. Norm. Script. ant, p. 249.

(3) Robert Wace, Roman de Rou, éd. Pluquet, t. i, p. 312.

pour l'égalité, qui, si elle eût éclaté, se serait vraisemblablement étendue, propagée, et aurait pu changer la face du monde.

L'humanité devait encore attendre !

Les paysans épouvantés de ces rigueurs, et redoutant la continuation de ces châtiments, renoncèrent à leurs projets, et « retournèrent à leurs charrues » (*ad sua aratra sunt reversi*), (1) « et leurs seigneurs purent, sans crainte, les accabler de vexations et de procès : »

> E tels plaiz firent leurs seinurs,
> Cum ils porent fère meillurs (2).

La légèreté moqueuse avec laquelle Guillaume de Jumièges et Robert Wace terminent la narration des événements que nous venons de rapporter, aurait lieu d'étonner, si l'un et l'autre eussent été contemporains des insurgés. Comme membres du clergé, ils eussent dû s'intéresser vivement aux rebelles, qui, s'ils eussent été vainqueurs, n'auraient pas manqué de rendre aux prêtres la suprématie que les conquérants leur avaient enlevée; mais ils écrivaient cent ans plus tard, et alors la

---

(1) Guillelmus Gemmeticus, Hist. Normannorum, l. v ; Duchesne, Hist. Norm. Script. ant., p. 249.

(2) Robert Wace, Roman de Rou, éd. Pluquet, t. i, p. 312.

position des moines était bien changée, les richesses que des donations fréquentes avaient accumulées sur leurs communautés, leur avaient conféré un pouvoir presque absolu, même sur les nobles; ils étaient devenus possesseurs de la majeure partie des fiefs, et, en conséquence, étaient les maîtres des serfs et des paysans; leur révolte devait donc être considérée, par eux, comme le bouleversement de l'ordre le plus sacré; il n'y avait pas de punitions assez cruelles pour des hommes coupables d'avoir tenté de le détruire. D'ailleurs, il leur eût été difficile d'avoir de la pitié pour la partie malheureuse de la nation, puisqu'ils la considéraient comme une chose; et puis, comblés de bienfaits par les princes, pouvaient-ils faire attention à des douleurs qui leur étaient étrangères? Pouvaient-ils prendre la défense de qui avait osé leur résister?

La fin du règne* de Richard, et celui de son fils aîné, qui fut trop court pour donner lieu à au-

---

* Nous ne nous serions pas permis d'employer ici l'expression de règne pour désigner le commandement absolu des chefs normands, si nous n'y avions pas été autorisés par leurs chartes elles-mêmes. On lit dans une charte de Robert, tirée d'un cartulaire de Saint-Amand, de Rouen, et citée par l'Art de vérifier les dates, éd. 1819, t. iv, p. 5 : « Notum esse volumus cunctis *regni* nostri fidelibus.... »

1003.

cune grande commotion, (¹) eurent peu d'influence sur notre pays. En 1003, à la vérité, un combat fut livré, près de Barfleur, par le vicomte de Saint-Sauveur, à des troupes anglaises qui avaient tenté un débarquement; mais Caen ne se ressentit pas de cette guerre. (²) Il en fut de même pour lui, lors des divisions des princes normands; elles ne paraissent pas avoir ébranlé sa tranquillité. (³)

Les seuls souvenirs qu'y aient laissés les ducs pendant cette période, qu'on pourrait appeler une préparation aux grandes révolutions qui suivirent, sont quatre ou cinq chartes offrant des détails imparfaits sur l'importance de notre patrie pendant leur domination.

(1) Guillelmus Gemmeticus, Hist. Norm., l. vi; Duchesne, Hist. Norm. Script. ant., p. 257, 258. — Robert Wace, Roman de Rou, éd. Pluquet, p. 370, 371, 372.—Chronique de Normandie, éd. 1610, f. 57. — Dumoulin, Hist. générale de Normandie, p. 106, 107, — et les historiens postérieurs.

(2) Guillelmus Gemmeticus, Hist. Norm., l. v; Duchesne, Hist. Norm. Script. ant., p. 250. — Robert Wace, Roman de Rou, éd. Pluquet, p. 317 et suiv. — Chronique de Normandie, éd. 1610, f. 50. — Dumoulin, Hist. générale de Normandie, p. 95, 96.

(3) Guillelmus Gemmeticus, Hist. Norm., l. vi; Duchesne, Hist. Norm. Script. ant., p. 257, 258. — Robert Wace, Roman de Rou, éd. Pluquet, p. 370, 371, 372. — Chronique de Normandie, éd. 1610, f. 57. — Dumoulin, Hist. générale de Normandie, p. 106, 107, — et les écrivains modernes.

Parmi celles qui s'expriment le plus explicitement à ce sujet, nous citerons celle de Richard II, souscrite en 1006, que nous avons déjà fait connaître : elle donne les revenus de la douane de Caen à *l'abbaye de Fécamp*. (¹) Une autre de 1024 accorde à *l'abbaye de St-Wandrille* la dîme d'une foire appelée la *Foire du Pré*; (²) une troisième enfin s'explique encore plus formellement. *Richard III*, lors de son mariage en 1026, en fixant le douaire d'*Adèle* de France, son épouse, le place en partie sur « son domaine de Caen, sur » ses églises, ses vignobles, ses prés, son marché, » sa douane et son port. » *Cathim super fluvium Olnæ, circumcaque cum ecclesiis, vineis, pratis, molindinis, cum foro, telonio et portis et omnibus appendiciis suis.* (³)

1006.

1024.

1026.

On ne sait rien de ce que fit *Robert-le-Magnifique* pour notre cité, quoiqu'il ait habité plus

1028-1035.

---

(1) Neustria pia, p. 247. — Gallia christiana, Instrumenta ad tomum xi, Charta regis Roberti pro Fiscannensi Monasterio, p. 8, 9.— Annales ordinis sancti Benedicti, t. iv, l. lij, p. 185.

(2) Neustria pia, p. 166 — De la Rue, Essais hist. sur la ville de Caen, t. i, p. 19.

(3) Dacherius, Specilegium veterum aliquot Scriptorum, t. vij, in-4º, p. 203, 204, 205. — De la Rue, Essais Hist. sur la ville de Caen, t. i, p. 2 et 19.

souvent la Normandie-Inférieure que sa capitale ; il s'occupa peu de Caen. Toute son attention se concentra sur Falaise, où l'appelait son amour pour *Arlette,* cette fille, d'un simple bourgeois, dont la liaison illégitime avec lui, donna naissance à *Guillaume-le-Conquérant* (1).

(1) Guillelmus Gemmeticus, Hist. Norm., l. vi ; Duchesne, Hist. Norm. Script. ant., p. 266. — Robert Wace, Roman de Rou, éd. Pluquet, t. i, p. 396 et suiv. — Benoît de St-Maur, cité par Lafresnaye, Nouvelle Hist. de Normandie, notes, p. 426. — Chronique de Normandie, éd. 1610, f. 61, 62. — Dumoulin, Hist. générale de Normandie, p. 120, — et les écrivains postérieurs.

CHAPITRE II.

Commencements de Guillaume-le-Bâtard. — Roger de Toëni. — Guillaume à vingt ans. — La paix de Dieu. — Premier Concile de Caen. — La trève de Dieu. — Révolte des seigneurs contre Guillaume. — Bataille du Val-des-Dunes. — Bataille de Mortemer. — Mariage de Guillaume et de Mathilde. — Fondation d'un hôpital à Caen. — Fondation des abbayes Saint-Etienne et Sainte-Trinité de Caen. — Bataille de Varaville. — Second Concile de Caen. — Ordonnance du couvre-feu.

(1035 — 1061).

A la mort d'un duc de Normandie, lorsque son fils venait recueillir son héritage, sa prise de possession était accompagnée de résistances obstinées, et de toutes parts s'élevaient des voix pour repousser ses prétentions au pouvoir. Cette opposition était peut-être une suite des anciennes habitudes des Scandinaves, dont la hiérarchie militaire reposait en entier sur le principe de l'élection : on peut en voir d'ailleurs une preuve dans la manière dont Robert Ier s'était emparé de la succession de son frère, au préjudice de son neveu. (1)

De tous les descendants de Hrolf, *Guillaume second* ou *le Bâtard*, fut celui qui rencontra le plus d'obstacles, qui se vit entouré de plus de périls, et dont la domination fut établie avec le plus de difficulté. Quand son père mourut à Nicée, il n'était âgé que de huit ans. Quoique la coutume des premiers ducs de faire reconnaître leurs enfants eût été suivie à son égard, (2) quoique les états eussent juré à son père qu'ils se soumettraient à lui, son extrême jeunesse offrait aux seigneurs

1035.

---

(1) Guillelmus Gemmeticus, Hist. Normannorum, lib. vi ; Duchesne, Hist. Norm. Script. ant. p. 258. — Chronique de Normandie, éd. 1610, f. 57. — Dumoulin, Hist. générale de Norm., p. 109. — Goube, Hist. du duché de Normandie, t. i, p. 149. — Licquet, Hist. de Normandie, t. ij, p. 8.

(2) Dudo de sancto Quintino, De Moribus Normannorum ; Duchesne, Hist. Norm. Script. ant, p. 86. — Guillelmus Gemmeticus, Hist. Normannorum, lib. vi ; Duchesne, Hist. Norm. Script. ant., p. 266. — Robert Wace, Roman de Rou, éd. Pluquet, t. i, p. 402 — Chronique de Normandie, éd. 1610, f. 62. — Dumoulin, Hist. générale de Normandie, p. 121.

féodaux une trop belle occasion de se soustraire à son obéissance et de se rendre indépendants pour qu'ils n'en profitassent point en violant leurs serments et en l'attaquant. Un prétexte léger, si l'on considère l'époque, prêtait toutefois à leurs intentions malveillantes une apparence de raison et ajoutait à leur audace : Guillaume était le fils d'une concubine. (1)

Parmi ceux qui méconnaissaient ouvertement l'autorité du jeune Guillaume, on distinguait *Roger de Toëni*, homme de courage et d'adresse : il était son parent, et s'était vu sur le point de tenir entre ses mains l'épée ducale. * La fâcheuse position d'un enfant dont les droits étaient contestés et qui trouvait un ennemi dans chacun de ses sujets réveilla chez Roger des espérances qui n'étaient qu'endormies. Porte-enseigne général de Normandie, aimé des Normands qui avaient combattu à ses côtés, il ne proclama cependant pas encore ses intentions ; il se borna à de sourdes

1035-1040.

---

(1) Guillelmus Gemmeticus, Hist. Normannorum, lib. vij ; Duchesne, Hist. Norm. Script. ant., p. 268. — Ordericus Vitalis, Ecclesiasticæ historiæ, lib. 7 ; Duchesne, Hist. Norm. Script. ant., p. 656, 657. — Robert Wace, Roman de Rou, éd. Pluquet, t. i, p. 396 et suiv. — Chronique de Normandie, éd. 1610, f. 61, 62. — Dumoulin, Hist. générale de Normandie, p. 120. — Goube, Hist. du duché de Normandie, t. i, p. 167.

* L'épée chez les Normands était l'insigne de la dignité du duc.

menées, intrigua auprès des grands et ne leva le masque que lorsqu'il crut à une réussite certaine. En se déclarant ennemi irréconciliable du duc, il attaqua ses partisans ; mais ils le vainquirent, et après plusieurs tentatives infructueuses, il fut tué dans une rencontre par Humfroy des Vaux et Roger de Beaumont. (1)

Cette révolte fut le signal de rebellions semblables, et ce fut dans des luttes de ce genre que Guillaume-le-Bâtard passa les douze premières années de son règne, exerçant son corps aux plus dures fatigues, et l'ame préparée par une adversité constante à supporter toutes les épreuves qu'il plairait au sort de lui infliger. On eût dit à le voir ainsi bataillant contre ses propres barons, que ces combats partiels lui avaient été suscités par la providence pour lui servir comme d'initiation aux grandes choses qu'il devait accomplir un jour. « A vingt ans, nous disent ses contemporains,
» c'était le plus redoutable chevalier de toute la
» France, rien n'était beau et terrible comme de
» le voir maîtrisant son coursier ; brillant par

---

(1) Guillelmus Gemmeticus, Hist. Normannorum, lib. vij ; Duchesne, Hist. Norm. Script. ant., p. 268. — Chronique de Normandie, éd. 1610, f. 67, 68. — Dumoulin, Hist. générale de Normandie, p. 127.

» son épée menaçante, par son casque et ses ja-
» velots. » (1)

Mais ce n'était pas dans les exercices corporels seulement que brillaient sa supériorité et son intelligence : politique précoce, voulant la pacification de ses états déchirés par des guerres civiles et les querelles particulières des vassaux, il provoqua un concile * pour établir la *trève de Dieu*. Ce concile fut tenu à Caen en 1042. Voici à peu près les causes qui nécessitèrent les réglements qu'on y discuta : (²)

1042

La puissance des rois de France s'étant peu-à-peu effacée devant les grands qui relevaient de la monarchie, les désordres des possesseurs de fiefs ne purent être réprimés. Soit faiblesse ou politique, le rôle de ces rois déchus se bornait à laisser leurs ennemis s'attaquer entre eux et se déchirer les uns les autres dans des combats de château à château. Les mêmes inconvénients avaient affligé la

---

(1) Guillelmus Pictavensis, Gesta Guillelmi ducis Normannorum; Duchesne, Hist. Norm. Script. ant., p. 179. — Licquet, Hist. de Normandie, t. ij, p. 110.

* Concile était souvent synonyme d'assemblée d'Etats.

(2) Dumoulin, Hist. générale de Normandie, p. 128 et suiv. — De la Foi, Constitution normande, p. 61. — Goube, Hist. du duché de Normandie, t. ij, p. 40. — Depping, Hist. des Expédit. marit. des Norm., t. ij, p. 220.

Normandie par suite de la minorité de Guillaume; partout régnait le désordre, et il n'y avait plus de sûreté pour personne ; l'anarchie allait achever d'envahir le royaume, si le clergé n'était venu à son secours : son influence seule était capable d'apporter un remède au mal qui s'étendait rapidement. Il entreprit d'arrêter son développement par les armes avec lesquelles il faisait alors trembler les nations. Des ordonnances ecclésiastiques furent rendues ; elles déclaraient que tout homme, quelle que fût sa condition, devait pouvoir voyager sans armes et conséquemment sans crainte. Les châtiments contre ceux qui enfreindraient ces décisions et envahiraient la propriété d'autrui étaient des peines pécuniaires ou corporelles. Cette loi reçut le nom de *paix de Dieu*, et l'excommunication menaçait quiconque la violerait.

Sa promulgation dans les temples était accompagnée de cérémonies imposantes et solennelles, bien capables d'intimider ces hommes qui ne tremblaient que devant l'église. Après avoir lu l'évangile, un diacre montait sur une tribune, et, placé devant l'autel, prononçait à haute voix ces paroles de malédiction « Par l'autorité de Dieu le Père » tout-puissant, et de Dieu le Fils et du Saint-Es- » prit, et de la sainte mère de Dieu, Marie, et de » saint Pierre, prince des apôtres, et du bienheu-

» reux Martial, * et des autres apôtres et de tous
» les saints de Dieu, nous évêques, ici assemblés
» par l'ordre de Dieu. . . . .
» excommunions tous les hommes d'armes de cet
» évêché, qui ne veulent ou ne voudront pas ob-
» server la paix et la justice que leur évêque com-
» mande ; qu'ils soient maudits eux et les com-
» plices de leurs crimes ! que leurs chevaux soient
» maudits ! que leurs armes soient maudites ! ils
» seront avec Caïn le fratricide ! avec Judas le
» traître ! avec Dathan et Abiron, qui furent pré-
» cipités vivants dans l'enfer ! et de même que ces
» flambeaux s'éteignent à vos yeux, que leur joie
» s'éteigne à la vue des saints anges, si, avant leur
» mort, ils ne viennent, se soumettant au jugement
» de leur évêque, satisfaire et se racheter par une
» bonne et complète pénitence. (1)

A ces mots tous les évêques et tous les prêtres qui tenaient des cierges allumés, les retournaient contre terre et les éteignaient, et le peuple saisi d'épouvante s'écriait : « Que Dieu éteigne ainsi la » joie de ceux qui refusent d'observer la paix et la » justice. » (2)

* Limoges, où fut tenu le concile dont nous citons la formule d'anathème, honorait particulièrement saint Martial.
(1) Labbeus et Cossartius, Sacrosancta Concilia, t. ix, col. 891. — Licquet, Hist. de Normandie, t. ij, p. 105, 106.
(2) Labbeus et Cossartius, Sacrosancta Concilia, t. ix, col. 891. —

Mais l'esprit des seigneurs de notre pays fut peu sensible aux mesures prises pour le comprimer : loin de se soumettre, ils continuèrent, comme par le passé, leurs guerres et leurs pillages.

Il fallait, pour dompter leurs caractères indociles, que quelque chose de miraculeux eût lieu : la superstition dut venir à l'aide de la religion et de l'équité. Les prêtres et le chef normand profitèrent d'une peste qui désola la province ; ils firent entendre aux récalcitrants que ce fléau était envoyé par la vengeance céleste, en punition de leur désobéissance, et cette espèce de sanction des menaces du clergé, les contraignit à se corriger, du moins pour quelques instants. (1) Toutefois ils n'acceptèrent pas encore la *paix de Dieu* tout entière, on ne put obtenir d'eux qu'une soumission difficile à la *trêve de Dieu ;* ils eussent repoussé comme trop sévère toute loi qui leur eût imposé un repos continuel.

Le concile de Caen décida que la *trêve* com-

Raoul Glaber, Chronique ; Guizot, Collection des Mémoires relatifs à l'Histoire de France, liv. iv, ch. 5. p. 341 et suiv. — Sismondi, Hist. des Français, t. iv, p. 243 et suiv.; Licquet, Hist. de Normandie, t. ij, p. 103 et suiv.

(1) Raoul Glaber, Chronique ; Guizot, Collection des Mémoires relatifs à l'Histoire de France, liv. v, ch. 1, p. 343, 344. — Chronicon Virdunense, Script. Fr., t. xi, p. 145. — Sismondi, Hist. des Français, t. iv, p. 250, 251. — Licquet, Hist. de Normandie, t. ij, p. 107.

mencerait le mercredi soir avec le coucher du soleil, et prendrait fin le lundi matin à son lever. Les articles de ces réglements sont une peinture fidèle des mœurs sanguinaires du XIe siècle ; il est défendu, y est-il dit, d'attaquer qui que ce soit pendant les quatre jours et les cinq nuits compris dans cet intervalle de temps. On ne pourra ni tuer, ni blesser, ni piller, ni brûler, sous peine d'une condamnation à trente années d'exil, à l'excommunication, à la privation des sacrements, et à celle de la sépulture. La gravité des infractions déterminait les punitions qui devaient être infligées aux coupables et à leurs complices. A partir du lundi, au lever du soleil, jusqu'au mercredi, à son coucher, toutes les violences redevenaient permises ; on pouvait de nouveau se livrer à tous les crimes. La trêve était ordonnée tous les jours, sans exception, depuis le commencement de l'Avent jusqu'à l'Octave de l'Epiphanie, depuis le commencement du Carême jusqu'à l'Octave de Pâques, et depuis les Rogations jusqu'à l'Octave de la Pentecôte ; chaque dimanche, des bénédictions étaient prononcées pour ceux qui avaient fidèlement observé la trêve, et des malédictions contre ses infracteurs.

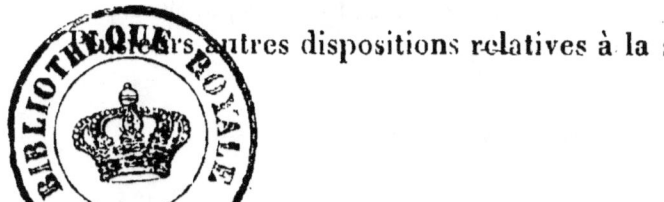

Plusieurs autres dispositions relatives à la sûreté publique furent aussi adoptées dans cette assemblée d'Etats. (1)

1047. Ces moyens violents, employés pour faire renaître la paix et la consolider, occasionèrent, dans les commencements, des soulèvements que Guillaume n'aurait assurément pu appaiser s'il n'eût eu recours à l'assistance de ses voisins, et particulièrement à celle du roi de France, *Henri I*^{er}, qui fut long-temps son allié, et ne lui devint ennemi que lorsqu'il eut reconnu son ambition, et quand il n'était plus temps d'arrêter son essor. Il s'en fallut peu cependant qu'une conspiration, qui avait pour but d'attenter à ses jours, ne réussît, et, s'il échappa aux mains de ses ennemis, ce fut bien plutôt un hazard heureux qui facilita sa fuite que son énergie et son sang-froid.

Il était à Valognes, se livrant au délassement de la chasse, quand un fou auquel il faisait souvent l'aumône, vint l'avertir qu'il venait de voir à Bayeux, Guy de Bourgogne, Nigel, gouverneur

(1) Bessin, Concilia Rothomagensis provinciæ, p. 39, 40. — Raoul Glaber, Chronique ; Guizot, Collection de Mémoires relatifs à l'Histoire de France, t. vi, l. v, ch. 1, p. 343, 344 — Chronicon Virdunense, Script. Fr., t. xi, p. 145. — Robert Wace, Roman de Rou, éd. Pluquet, t. ij, p. 97, 98, 99. — Chronique de Normandie, éd. 1610, f. 90, 91. — De Bras, Recherches et Antiquitez de la ville de Caen, éd. 1588, p. 18, 19, 20. — Dumoulin, Hist. générale de Normandie, p. 160. — Moysant de Brieux, Poëmatum pars altera, p. 129, — et tous les modernes.

de Coutances, Regnauld, Grimoult du Plessis et leurs gens prendre les armes, et qu'il les avait entendus dire qu'ils faisaient ces préparatifs pour venir le tuer. A cette nouvelle inattendue, le duc effrayé monte à cheval, et couvert d'un simple manteau, s'enfuit vers l'embouchure de la *Vire,* traverse cette rivière aux *Veys-St-Clément*, évite Bayeux où il craint de rencontrer les conjurés et arrive en longeant la mer au bourg de *Ryes*. Là, il est reconnu par un seigneur nommé *Hubert*, qui lui donne un cheval frais et le fait conduire par ses fils jusqu'à Falaise, en évitant également de passer par Caen où il eût pu de même être arrêté.

Nos plus vieux auteurs ont prétendu qu'en commémoration de cette fuite précipitée à laquelle il dut son salut, Guillaume avait fait construire sur les lieux qu'il avait parcourus, le chemin près de Vieux, connu sous le nom de *chemin chaussé* ou *terre levée ;* mais des débris d'antiquité semblables à ceux que l'on rencontre dans les autres constructions de ce village l'ont fait reconnaître par les érudits pour une voie romaine qui conduisait à quelque station militaire. (1)

De Falaise le duc se rendit à Rouen.

---

(1) Recherches et Antiquitez de la ville de Caen, éd. 1588, f. 16. — Huet, Orig. de Caen, ch. 11. — Léchaudé d'Anisy, Traduc. des Antiquités Angl. Norm. de Ducarel, notes, p. 78.

Là, plus tranquille par l'espace qu'il avait mis entre les conspirateurs et lui, il envoya l'évêque *Mauger,* son oncle, demander des secours au roi de France, qui ne se fit pas attendre. A la tête de trois mille gens-d'armes, celui-ci entra en Normandie, ce qui lui suppose au moins un effectif de douze mille soldats, et se réunit à son allié, qui, avec ses sujets fidèles, convoqués et armés à la hâte, du pays d'Avranches, de celui de Lisieux, de la vallée d'Auge, d'Evreux, du Roumois, du Vexin, de Rouen et du pays de Caux, l'attendait aux frontières du duché. Conduisant ensemble leurs forces combinées, ils s'avancèrent jusqu'à *Argences* où se trouvaient les insurgés : c'étaient tous seigneurs de la Basse-Normandie, qui, redoutant un jeune homme à volonté ferme et inflexible comme celui auquel ils devaient foi et hommage, s'étaient associés pour le renverser ; *Nigel*, comte du Cottentin et gouverneur de Coutances ; *Regnauld*, comte du Bessin ; *Grimoult du Plessis, Raoul de Briquessart, Hamon de Thorigny*, l'évêque de Bayeux, les commandaient. Après s'être saisis des domaines du duc, ils avaient rassemblé leurs hommes, et étaient allés l'attendre entre Argences et *Mézidon*, dans un lieu appelé le *Val-des-Dunes.* *

* Quelques auteurs modernes appellent cette plaine le Val-des-Da-

Aujourd'hui on ignore l'emplacement de ce vallon, devenu célèbre par la bataille qui y fut livrée; mais il serait facile de le retrouver, d'après les renseignements d'un trouvère du XIIe siècle, qui, ayant passé une partie de sa vie à Caen, l'avait sans doute visité, puisqu'il en fait ainsi la description détaillée : « Le Val-des-Dunes est dans
» l'Hiesmois, entre Argences et le Cinglais, à
» trois lieues de Caen, suivant mon opinion, dans
» une plaine nue et étendue, sans rochers ni
» montagnes : il se termine en descendant vers
» le levant, et est borné par une rivière au
» midi et au couchant. »

> Valedunes est en Oismeiz
>
> Entre Argences è Cingueleiz ;
>
> De Caem i peut l'en cunter
>
> Treis leugs el mien kuider :
>
> Li plaines sunt lunges è lées,
>
> N'i a granz monz ne granz vallées,
>
> Asez prouf du vé Bérangier,
>
> N'i a boscage ne rochier,
>
> Maiz encuntre soleil levant
>
> Se funt la terre en avalant ;

---

mes ; nous ne savons point sur quelles autorités ils peuvent s'appuyer pour faire ce changement.

Une rivière l'avirone
Deverz midi è devers none (1).

Les Français, continue l'auteur du Roman de Rou, prirent position sur la rivière de *Laison*, tandis que les Normands s'établissaient au-dessus d'Argences sur les bords de la *Méance*. Le lendemain, 10 août 1047, jour saint Laurent (2), après avoir pris un repos nécessité par la marche forcée qu'elles avaient faite sous un soleil ardent, les deux armées s'avancèrent en bon ordre contre les *communes* (3), ou soldats fournis aux seigneurs par les villages, lesquelles adossées à la rivière, semblaient disposées à les recevoir courageusement, et Guillaume laissant Argences et tournant vers la gauche pour passer le gué *Béranger*, s'approcha de Henri Ier en suivant la rivière, de manière qu'il vint se placer à la droite des Français.

Avant d'adopter aucun plan d'attaque, le roi demanda à Guillaume le nom d'un jeune chef qui commandait cent quarante chevaliers plus brillants que les autres, et qui, se tenant à une distance égale des deux partis, sans faire aucune manifestation, se trouvait dans une situation telle

---

(1) Robert Wace, Roman de Rou, éd. Pluquet, t. ij, p. 28, 29.
(2) De Bras, Recherches et Antiquitez de la ville de Caen, éd. 1588, p. 16. — Lange, Ephémérides normandes, 3e trimestre, p. 91.
(3) Robert Wace, Roman de Rou, éd. Pluquet, t. ij, p. 29.

qu'on ne pouvait savoir auquel il appartenait. Le duc le reconnaissant aussitôt aux cornettes de taffetas, attachées aux lances des cavaliers, lui répondit que c'était *Raoul Tesson*, propriétaire de tout le Cinglais, et ajouta : « Il vient, je pense,
» combattre pour nous, car je ne sache pas qu'il
» ait aucun grief contre moi, aucun reproche à
» me faire. » — Guillaume devinait juste : Raoul Tesson était son ami : ayant passé ses premières années auprès de lui, il était porté de cœur vers son maître. Cependant il s'était laissé séduire par les promesses de Nigel et de Regnault, qui l'avaient mandé à Bayeux, et il avait été jusqu'à leur jurer que le premier qu'il frapperait dans le combat serait Guillaume, mais au moment de tenir ce fol engagement, ses propres vassaux lui représentèrent « Qu'il devait féauté au fils de Robert, comme
» à son seigneur naturel, qu'il l'avait jurée pour
» lui en présence des barons assemblés, que s'il
» se déclarait contre son suzerain, il pourrait bien
» perdre les fiefs qu'il possédait, et qu'après tout
» ce serait justice, puisqu'il aurait forfait à l'hon-
» neur. » — « Quant à l'honneur, nous y tien-
» drons, s'écria Raoul, en poussant le cri de guerre
» des Tessons, *Tur aïe.* » *— Et piquant des deux,

---

* Des discussions se sont élevées sur ce cri de *Tur aïe* prononcé par Raoul. D'après le manuscrit de Robert Wace, de Duchesne, on pour-

il se dirigea vers le duc, puis le frappant de son gantelet dès qu'il l'eut rejoint : — « Sire, dit-il, » ne prenez à desplaisir si je vous en frappe. Cela » n'ay-je fait pour mal que je vous vueille, ainsi » faire me convient pour acquitter mon serment. » Je vous serviray encores huy (aujourd'hui) » loyaument comme mon seigneur. » — « Grand » merci, Raoul, répartit le duc, or, sans autre fé- » lonie, pensez de bien faire, je vous en prie. » — Dégagé de la sorte du serment qu'il avait fait, le chevalier retourna vers les siens et attendit que les deux armées ennemies fussent aux prises. (¹)

Divisant alors leurs troupes en quatre corps, le roi et le duc prennent le commandement du premier, et chargent le comte *Guiffart*, le duc d'Orléans et le comte de Flandre de la conduite des trois autres. Les révoltés, en voyant leur manœu-

rait penser que ce mot de ralliement était *turie*, carnage ; M. A. Leprevost, dans ses additions au Roman de Rou, veut que ce soit tout simplement le nom de *Thury*, depuis *Harcourt*, chef-lieu du domaine des Tessons, tandis que M. Pluquet le regarde comme une invocation au dieu scandinave *Thor* ou *Tur*, *Tur aie*. « Thor nous » aide ! » Ne serait-il pas possible que l'une et l'autre opinion fussent vraies, et que le nom de *Thury-Harcourt* soit venu de la devise même de ses seigneurs.

(1) Robert Wace, Roman de Rou, éd. Pluquet, t. ij, p. 30, 31, 32, 33. — Chronique de Normandie, éd. 1610, f. 73. — Licquet, Hist. de Normandie, t. ij, p. 115, 116.

vre distribuent leurs gens de la même manière (¹), et, cherchant à prendre l'initiative, se précipitent sur leurs adversaires au moment où ceux-ci s'ébranlaient pour les combattre. Les Français crient, *Mont-Joie St-Denis* « St-Denis, protège-nous. » (²) Les Normands, *Dex aïe*, « Dieu nous aide ! » (³) C'étaient leurs cris de ralliement. Les sires de Cotentin et de Thorigny répondent en invoquant *St-Sauveur* et *St-Amand*, leurs patrons, et ils s'élancent les uns contre les autres avec toute la fureur des guerres civiles et tout leur acharnement.

Des deux côtés le choc fut terrible ; il y eut de beaux faits d'armes de part et d'autre ; la bataille dura long-temps sans qu'aucun des assaillants reculât : chacun eût eu honte de fuir. Dans la mêlée, le roi de France lui-même fut atteint d'un coup de lance, désarçonné, renversé et foulé aux pieds des chevaux ; cependant, secouru par ses vassaux, il se releva sans blessure et rentra dans la lice. Guillaume aussi donna des preuves de son courage indompté et de sa force extraordinaire. Cherchant le vicomte du Bessin, il abattait tous ceux qui se trouvaient sur son passage. A la fin,

---

(1) Chronique de Normandie, éd. 1610, f. 73.
(2) Roquefort, Glossaire de la langue romane au mot, *Mont-joë*.
(3) Robert Wace, Roman de Rou. — Prévost, Hist. de Guillaume-le-Conquérant. — Gauttier d'Arc, Hist. des conquêtes des Normands en Italie. — Licquet, Hist. de Normandie, t ij, p. 112.

il l'aperçut, et, tombant sur lui comme la foudre, il allait le percer si l'un de ses écuyers, *Hardey* de Bayeux, ne se fût mis entre deux pour lui éviter le coup, et ne lui eût sauvé la vie en se dévouant pour lui. Frappé à la gorge, Hardey fut si rudement jeté mort aux pieds de son maître, que l'effroi s'empara de celui-ci, et qu'il prit honteusement la fuite, entraînant par son exemple ses complices découragés. Raoul Tesson, non plus, n'était pas resté oisif. A peine la lutte fut-elle engagée qu'il y prit une part active ; sa coopération imprévue décida de la victoire. Nigel seul essaya de résister, mais il fallut enfin céder. La défaite de ses partisans détermina la sienne. La déroute dès lors devint générale, les vainqueurs continuèrent, non le combat, mais le carnage, et poursuivirent les vaincus l'épée dans les reins jusqu'aux bords de l'Orne, entre *Allemagne* et *Fontenay*, [1] les culbutant dans la rivière et les y massacrant. —Un si grand nombre de fuyards y furent tués ou noyés que les moulins de *Bourbillon* en furent obstrués ; en *estanchièrent*, [2] en furent *esclusez*, [3] disent les chroniqueurs. [4]

---

(1) Robert Wace, Roman de Rou, éd. Pluquet, t. ij, p. 42.
(2) Robert Wace, Roman de Rou, éd. Pluquet, t. ij, p. 42. — Dumoulin, Hist. générale de Normandie, p. 140.
(3) Chronique de Normandie, éd. 1610, f. 74.
(4) Fragmentum historiæ franciscæ, Script. fr., t. xi, p. 161.—Chro-

Cette journée, en mémoire de laquelle Guillaume fit élever au Val-des-Dunes une chapelle dédiée à St-Laurent, (¹) ruina les projets des rebelles. Plusieurs des chefs y périrent, entre autres le sire de Thorigny et de Creully, qui fut enterré à *Esquay*, près Caen. (²) Quelques-uns eurent la tête tranchée par les ordres de leur souverain ou moururent empoisonnés dans leur prison ; (³) les autres, à l'exception de Nigel, qui se réfugia en Bretagne, firent leur soumission, et Guillaume les mit hors d'état de recommencer, en rasant les châteaux forts qu'ils avaient fait bâtir : par cette précaution, il acquit une immense supériorité, et rétablit le calme dans les campa-

niques de saint Denis; Historiens de France, t. xi, p. 402, 403.—Guillelmus Pictavensis, Gesta Guillelmi ducis; Duchesne, Hist. Norm. Script. ant. p. 179, 180. — Guillelmus Gemmeticus, Hist. Normannorum, l. vij, ch. 17 ; Duchesne, Hist. Norm. Script. ant., p. 275 et 276.— Ordericus Vitalis, Hist. ecclesiasticæ; Duchesne, Hist. Norm. Script. ant. p. 372. — Robert Wace, Roman de Rou, éd. Pluquet, t. ij, p. 21 et suiv. — Chronique de Normandie, éd. 1610, f. 71, 72, 73, 74. — Et les écrivains postérieurs.

(1) De Bras, Recherches et Antiquitez de la ville de Caen, éd. 1588, p. 16.

(2) Robert Wace, Roman de Rou, éd. Pluquet, t. ij, p. 37, 38, 39.

(3) Robertus de Monte, Accessiones ad Sigebertum, Script. fr., t. xi, p. 167. — Robert Wace, Roman de Rou, éd. Pluquet, t. ij, p. 45, 46. — Licquet, Hist. de Normandie, t. ij, p. 116.

gnes en contraignant les grands à vivre en paix les uns avec les autres. (¹)

1054. Henri 1ᵉʳ commença cependant à regarder politiquement les choses, et ce ne fut pas sans chagrin qu'il remarqua les résultats de la valeur et de la prudence de son jeune allié. Cet enchaînement non interrompu de succès et de victoires l'inquiéta pour sa propre autorité, et il craignit, peut-être avec raison, quand il vint à considérer l'agrandissement de son vassal. Connaissant l'ambition du duc de Normandie, la promptitude avec laquelle il formait ses plans et la tenacité qu'il mettait à les exécuter, il résolut de l'abaisser à son tour et de le contraindre à l'inaction ; mais ses efforts furent vains, et la fortune de Guillaume l'emporta. Le roi de France avait d'abord suscité contre lui *Guillaume*, comte d'Arques, qui fut vaincu avant d'entrer en campagne.(²) Cette défaite le détermina à un coup décisif, aussi infructueux qu'humiliant pour celui qui le tenta. Après

---

(1) Guillelmus Gemmeticus, Hist. Normannorum, l. vij, ch. 17 ; Duchesne, Hist. Norm. Script. ant., p. 276—Guillelmus Pictavensis, Gesta Guillelmi Ducis ; Duchesne, Hist. Norm. Script. ant. p., 180.— Chroniques de saint Denis, historiens de France, t. xi, p. 403.—Licquet, Hist. de Normandie, p. 116.

(2) Guillelmus Pictavensis, Gesta Guillelmi ducis ; Duchesne, Hist. Norm. Script. ant., p. 180.—Dumoulin, Hist. générale de Normandie, p. 147.—Licquet, Hist. de Normandie, t. ij, p. 118, 126 et suiv.

avoir donné l'ordre à tous les hauts barons dépendant de la couronne d'amener leurs contingents d'hommes d'armes, tandis que *Eudes*, son frère, à la tête d'une armée, entrait dans le pays de Caux, il fit irruption dans le comté d'Evreux. Son intention était de le ravager et de gagner le Lieuvin et le pays d'Auge : le temps lui manqua. A peine était-il aux frontières qu'il apprit que son frère venait d'être complètement battu à *Mortemer*, par les Cauchois. Cet échec changea ses résolutions, et il fit la paix avec le duc. (1)

Le combat de Mortemer fut fatal aux Français. Surpris subitement au milieu de la nuit, la perte qu'ils éprouvèrent fut considérable. Leurs ennemis les massacrèrent sans pitié depuis le point du jour jusqu'à trois heures du soir, et un grand nombre de vassaux du roi furent faits prisonniers, notamment *Guy*, comte de Ponthieu, qui, amené à Caen, y resta captif pendant deux ans. (2)

---

(1) Guillelmus Pictavensis, Gesta Guillelmi ducis, Duchesne, Hist. Norm. Script. ant., p. 187.—Guillelmus Gemmeticus, Hist. Normannorum, l. vij, c. 24; Duchesne, Hist. Norm. Script. ant, p. 281.—Robert Wace, Roman de Rou, éd. Pluquet, t. ij, p. 73 et suiv. — Willelmus Malmesburiensis, De Gestis regum anglorum, l. iij; Rerum anglicarum Script, p. 97.—Chronique manuscrite de Normandie; Hist. de France, t. xi, p. 340, 341.—Sismondi, Hist. desFrançais, t. iv, p. 183 et suiv.— Licquet, Hist. de Normandie, t. ij, p. 138 et suiv.

(2) Dumoulin, Hist. générale de Normandie, p. 154. — Lafrenaye, Nouvelle Hist. de Normandie, p. 249.

1054

Tous ses adversaires ainsi anéantis, et ses compétiteurs mis hors d'état de lui nuire, Guillaume songea à se marier. Cherchant dès lors à s'assurer une puissante alliance, il demanda et obtint la main de *Mathilde*, fille de *Beaudoin* de Lille, comte de Flandre. Le pape s'opposait à cette alliance que Guillaume recherchait depuis plusieurs années. Mathilde elle-même, élevée avec des préjugés plus anciens et plus vivaces chez ses compatriotes que chez les Normands, ne paraissait pas très-disposée à devenir l'épouse d'un bâtard. (1) Il parvint néanmoins à lui faire surmonter ses scrupules, et le mariage fut conclu nonobstant les défenses de Rome. La princesse flamande lui fut amenée au château d'Eu, de là ceux qui l'accompagnaient la conduisirent en grande pompe à Rouen, où les noces furent célébrées. (2)

Une infraction aussi grave aux ordres du souverain pontife, qui ne les avait donnés que pour

---

(1) Chronicon Turonense, Script. fr., t. xi, p. 348. — L'Art de vérifier les dates, éd. 1619, t. iv, p. 6. — Sismondi, Hist. des Français, t. iv, p. 280, 281.

(2) Guillelmus Pictavensis, Gesta Guillelmi ducis, Duchesne, Hist. Norm. Script. ant., p. 183, 184. — Guillelmus Gemmeticus, Hist. Normannorum l. vij, c. 21, Duchesne, Hist Norm Script. ant. p. 277, 278. — Robert Wace, Roman de Rou, éd. Pluquet, t. ij, p. 59. — Chronique de Normandie, éd. 1610, f. 78, 79. — Dumoulin, Hist. générale de Normandie, p. 148. — Moysant de Brieux, poëmatum pars altera, p. 126. — Huet, Origines de Caen, p. 206 et 307. — Et les modernes.

plaire à l'empereur *Henri III*, ennemi personnel de Beaudoin, — c'était là du moins son motif secret, — devait attirer sur lui toutes les vengeances du Saint-Siége. Il fut frappé d'anathême, ainsi que la province tout entière, qui fut mise en interdit. (¹) On chassa les fidèles des églises que l'on ferma ; il n'y eut plus d'office divin, plus de sacrements administrés ; les sépultures ecclésiastiques elles-mêmes furent défendues. On permit seulement de conférer le baptême aux enfants nouveaux-nés et de confesser les mourants. (²)

Au dire des écrivains contemporains, ces excommunications générales jetaient la consternation dans les villes et les campagnes, et avaient des conséquences terribles. Tout atteste cependant que les coupables qui en étaient frappés n'y attachaient pas une aussi grande importance que celle qu'on leur a supposée depuis. On doit voir aussi que l'abus qui en fut fait en affaiblit de bonne heure les effets, et que leur force était déjà consi-

---

(1) Robert Wace, Roman de Rou, éd. Pluquet, t ij, p. 59, 60. — Chronique de Normandie, éd. 1610, f. 58, 59. — Huet, Origines de Caen, p. 307. — Goube, Hist. du duché de Normandie, t. i, p. 492. — Lafrenaye, nouvelle Hist. de Normandie, p. 240, 241. — Licquet, Hist. de Normandie, t. ij, p. 132, 133.

(2) Radulphus Coggeshalis, Chronicon Anglicanum; Martene, Veterum Scriptorum collectio, t. v, col. 867, 868. — De Hericourt, Lois ecclésiastiques de France. — Fleury, Hist. ecclésiastique, t. xvi, p. 245, 246. — Encyclopédie, in-folio, t. viij, au mot *interdit*.

dérablement diminuée, alors que Guillaume avait pensé à demander la main de Mathilde au comte de Flandre. Au surplus il s'en inquiéta fort peu : ce ne fut que plus de trois années après qu'il envoya un simple moine du *Bec*, *Lanfranc*, pour traiter avec le pape et obtenir de lui la cessation de ses hostilités. Encore celui-ci en agit-il assez lestement avec la cour de Rome : il représenta aux prélats assemblés que l'interdit lancé par eux l'avait été injustement, puisqu'il tombait sur des sujets qui n'avaient pris aucune part au mariage de leur souverain, et qui n'avaient nul moyen de le dissoudre ; il affirma qu'au reste Guillaume-le-Bâtard * était décidé à ne céder jamais. (1) Certainement Lanfranc, prêtre et ambitieux, comme il se montra par la suite, n'eût point agi avec cette hardiesse, s'il ne se fût senti soutenu par la grande majorité du clergé et de la nation.

1057.

Son discours, plein d'une fermeté digne, fit comprendre au pape qu'une résistance prolongée

---

* Ce surnom de bâtard n'était pas considéré comme insultant : don Mabillon cite dans sa Diplomatique, l. ij, ch. 7, p. 92, une charte où Guillaume lui-même prend cette qualité : « ego Guillelmus cognomine *bastardus*.... »

(1) Vita Lanfranci, ch 3, p. 4 et suiv.—Chronicon Beccense, p. 3; Lanfrancus, Opera. — De la Rue, Essais historiques sur la ville de Caen, t. ij, p. 172, 173. — Augustin Thierry, Hist. de la conquête d'Angleterre par les Normands, t. i, p. 244. — Licquet, Hist. de Normandie, t. ij, p. 171, 172.

servirait plus à le déconsidérer et à lui enlever le respect des chrétiens, qu'elle ne serait utile à son pouvoir. Il écouta les propositions qui lui furent faites, et consentit à laisser en paix les deux époux, à condition qu'ils construiraient un monastère d'hommes, un de femmes et quatre hôpitaux. (1)

Cet ultimatum du pontife romain décida de la grandeur future de Caen ; un des hôpitaux y fut immédiatement établi, (2) et, par les ordres de Mathilde et de son mari, on y bâtit les abbayes de *Ste-Trinité* et de *St-Etienne* : —leur fondation définitive n'eut néanmoins lieu qu'environ six ans après la réconciliation du Normand avec l'église. (3)

Cependant les révoltes réitérées de ses barons avaient rendu Guillaume irascible ; sa vengeance ne se faisait jamais attendre, et rien ne lui répugnait pour en assurer les effets : la trahison, le

---

(1) Robert Wace, Roman de Rou, éd. Pluquet, t. ij, p. 60. — Chronique de Normandie, éd. 1610, f. 78. — Vita Lanfranci, ch. 3, p. 4, 5. — Huet, Origines de Caen, p. 236. — De la Rue, Essais Hist. sur la ville de Caen, t. ij, p. 172, 173. — Licquet, Hist. de Normandie, t. ij, p. 171, 172.
(2) Huet, Origines de Caen, p. 237, 238.
(3) Neustria Pia, p. 625 et 656 et suiv. — Huet, Origines de Caen, p. 238.

meurtre, le poison n'étaient plus pour lui que des moyens assez ordinaires d'arriver à ses fins. Cette certitude d'un châtiment imminent faisait qu'aussitôt qu'un seigneur avait commis une faute, il prenait la fuite, et se réfugiait auprès du roi de France, qu'un sentiment de haine mal dissimulé excitait à lui faire bon accueil et à le recevoir à sa cour. Les sollicitations d'exilés qui cherchaient ainsi à regagner leurs biens perdus n'eurent pas de peine à décider Henri Ier. Il n'avait consenti à la paix que parce qu'elle profitait à son antagoniste ; il se crut plus en état de combattre, et reprenant les plans qui lui avaient si mal réussi une première fois, il se prépara à une nouvelle invasion dans la Normandie Méridionale ; ses dispositions furent si secrètes, qu'il avait déjà pénétré jusqu'au comté d'Exmes et jusqu'à celui de Bayeux, avant que Guillaume eût pu réunir ses forces. (1)

A la nouvelle de son entrée en Normandie, le duc s'était jeté dans Falaise, ses chevaliers vinrent l'y rejoindre ; là, ils attendirent avec lui le retour des Français qui ne tarda pas à s'effectuer. Les soldats de Henri n'éprouvant aucune résistance

(1) Robert Wace, Roman de Rou, éd. Pluquet, t. ij, p 87 et suiv. — Chronique de Normandie, éd. 1610, f. 87, 89, 90. — Huet, Origines de Caen, p. 58. — Masseville, Hist. sommaire de Normandie, t. ij, p. 483, 484. — Lafrenaye, Nouvelle Hist. de Normandie, p. 255, 256. — Licquet, Hist. de Normandie, t. ij, p. 142.

dans leur course, après avoir désolé le Bessin jusqu'aux bords de la mer, en descendant la Seulle, au lieu de pousser jusqu'au Cotentin, se replièrent sur Caen, alors ville ouverte, (1) le dévastèrent et se dirigèrent vers la Dive, dans l'intention de la traverser à la chaussée de *Varaville*. Cette chaussée très-longue aboutissait à un pont étroit qui existait à cette époque sur la rivière. Guillaume, instruit de leur marche par ses éclaireurs, les laissa s'engager dans ce passage dangereux, et bientôt, il gagna avec toutes ses forces, et en se cachant le mieux possible, la vallée de Bavent, résolu d'y attendre ses adversaires, qui d'eux-mêmes venaient se livrer.

La tête de l'armée royale était déjà passée et commençait à garnir de ses bandes la rive qu'elle atteignait, quand tout-à-coup, prenant en queue l'arrière-garde, les Normands fondent sur elle à l'improviste et la mettent en déroute. Le comte de Berry, qui la commandait, succombe un des premiers ; les Français fuient et se pressent sur le pont qui, fait de bois et déjà vieux, se rompt sous leur poids : par un autre hasard, également favorable

---

(1) Robert Wace, Roman de Rou, éd. Pluquet, t. ij, p. 89. — Chronique de Normandie, éd. 1610, f. 89. — Huet, Origines de Caen, ch. 6. — De la Rue, Essais hist. sur la ville de Caen, t. ij, p. 272. — Moysant de Brieux, Poëmatum pars altera, p. 136.

à Guillaume et à ses Normands, la rivière guéable auparavant cesse de l'être à cause du reflux qui survient en ce moment, et leur livre la moitié de leurs ennemis qu'ils tuent ou font prisonniers, tandis que leurs compagnons, spectateurs de ce désastre ne peuvent y apporter remède : et les cris et le désespoir du roi de France, qui, monté sur la butte de *Bassebourg*, peut d'un coup d'œil mesurer l'étendue de sa perte, les excitent en vain ; eux-mêmes engagés dans les marais s'en retirent avec peine. (1)

1059.   Cette journée qui fut si complète, que jamais autant de prisonniers n'avaient été faits en Normandie, (2) mit fin aux querelles suscitées par Henri Ier. Un an après, il demanda la paix qu'on lui accorda, et le duc lui rendit les hommes d'armes qu'il avait retenus en captivité. Parmi eux on

------

(1) Guillelmus Pictavensis, Gesta Guillelmi ducis; Duchesne, Hist. Norm. Script. ant., p. 188. — Guillelmus Gemmeticus, Hist. Normannorum, l. vij, c. 28 ; Duchesne, Hist. Norm. Script., ant. p. 283. — Robert Wace, Roman de Rou, éd. Pluquet, t. ij, p. 88 et suiv. — Debras, Recherches et antiquitez de la ville de Caen, p. 18, 19, 20. — Huet, Origines de Caen, p. 72. — Lafrenaye, Nouvelle Hist. de Normandie, p. 254. — Licquet, Hist. de Normandie, t. ij, p. 143.

(2) Guillelmus Gemmeticus, Hist. Normannorum, l. vij, c. 28 ; Duchesne, Hist. Norm. Script. ant, p. 283. — Robert Wace, Roman de Rou, éd. Pluquet, t. ij, p. 92, 93. — Chronique de Normandie, éd. 1610, f. 90. — Dumoulin, Hist. générale de Normandie, p. 159. — Goube, Hist. du duché de Normandie, t. i, p. 204. — Lafrenaye, Nouvelle Hist. de Normandie, p. 257.

comptait six comtes et un grand nombre de barons. (¹) On ignore quelles furent les conditions du traité qui fut conclu à cette occasion ; on peut affirmer cependant qu'il fut fort avantageux au duché, et fort nuisible aux Français, qui se virent obligés d'abandonner toutes les places fortes dont ils s'étaient emparés au commencement. (2)

La mort de Henri Ier, survenue l'année suivante, empêcha la France de reprendre les armes, et la minorité de *Philippe Ier*, son fils, à peine âgé de neuf ans lorsqu'il prit le sceptre, mit non-seulement un obstacle à toute tentative de ce genre, mais encore assura un appui à Guillaume auprès du trône dont la régence fut confiée à Beaudoin de Flandre, son beau-père. Il en reçut aide et secours pour se maintenir contre les efforts des derniers agitateurs, qu'il eut à repousser, et par ce moyen, réussit enfin à faire taire les haines soulevées contre lui par la manière dont il s'était vengé de ceux qui s'étaient mêlés activement aux coalitions et à tous ces orages dont sa jeunesse avait été agitée. (3)

1060.

(1) Chronique de Normandie, éd. 1610, f. 90. — Lafrenaye, Nouvelle Hist. de Normandie, p. 257.
(2) Guilielmus Gemmeticus, Hist. Normannorum, l. vij, ch. 28 ; Duchesne, Hist. Norm. Script. ant., p. 283. — Lafrenaye, Nouvelle Hist. de Normandie, p. 258. — Licquet, Hist. de Normandie, t. ij, p. 144.
(3) Ordericus Vitalis, Hist. ecclesiasticæ, l. iij ; Script. fr. t. xi,

Un des premiers soins de Guillaume, aussitôt qu'il eut acquis la certitude d'une paix intérieure qui lui était nécessaire pour rétablir l'ordre dans ses états, fut de chasser un nombre considérable de vagabonds qui, par suite des guerres précédentes, y exerçaient impunément leurs brigandages. Mais ne se bornant pas à cet acte de vigueur, il s'efforça de délivrer à jamais sa province de ces hommes dangereux. Dans ce but, et pour compléter un plan de police auquel il songeait depuis long-temps, il provoqua la réunion d'un second concile à Caen, dans lequel furent appelés l'archevêque de Rouen, tous ses suffragants les évêques, les abbés et les prieurs, et tous les comtes et barons du duché réunis aux principaux habitants des villes. Pour donner plus de solennité à ce qu'il y serait statué, on y fit apporter en grande pompe les châsses de St-Ouen et de St-Romain avec les autres reliquaires du pays. Les miracles que ces ossements révérés ne manquèrent pas d'opérer sur leur passage vinrent encore disposer les esprits à recevoir les lois qui devaient émaner

1061.

p. 229. — Hugo Floriacensis, Chronicon, Script. fr., t. xi, p. 159. — Albericus Trium-Fontium, Chronicon, Script. fr., t. xi, p. 357. — Chronicon Centulense S. Richarii, Script. fr., t. xi, p. 132, 133. — Chronicon S. Petri Senonensis, Script. fr., t. xi, p. 197. —Guillelmus Gemmeticus, Hist. Normannorum, l. viij, ch. 28, Duchesne, Hist. Norm. Script. ant., p. 283. — Et posteres.

de ce nouveau synode, en leur donnant un caractère sacré (1). Enfin il fut décidé que, pour éviter toute espèce de trouble, un certain nombre d'archers parcourrait la ville depuis le mercredi, soleil couchant, jusqu'au lundi, soleil levant, afin de tenir en crainte et maintenir en paix le commun peuple, pendant les débats relatifs aux affaires civiles et ecclésiastiques ; les évêques excommunièrent en outre, à l'avance, tous ceux qui tenteraient de nuire aux délibérations, en donnant pouvoir aux archers de contraindre les mutins à payer chacun dix livres tournois ou une autre somme fixée par l'évêque de Bayeux, selon la gravité des infractions.

Toutes ces précautions parurent indispensables avant de procéder à la discussion des lois (2).

Il est à regretter que la plupart des réglements qui furent faits dans le second concile de Caen ne nous aient pas été transmis par l'histoire. Ils auraient pu nous donner des détails de mœurs fort précieux et éclaircir bien des points inconnus de l'état social à cette époque. Nous croyons cepen-

---

(1) Pommeraye, Hist. de l'abbaye de St-Ouen de Rouen, p 102.
(2) Robert Wace, Roman de Rou, éd. Pluquet, t. ij, p. 97 — Chronique de Normandie, éd. 1610, f. 90, 91. — Dumoulin, Hist. générale de Normandie, p. 160.— Huet, Origines de Caen, p. 272 et suiv. — Goube, Hist. du duché de Normandie, t. i , p, 206. — Lafrenaye, Nouvelle hist. de Normandie, p. 260 , 261. — De la Rue, Essais historiques sur la ville de Caen, t. i , p. 298, et t. ij , p. 298.

dant pouvoir tirer l'induction de ces dispositions faites pour contenir les basses classes qu'elles commençaient à calculer leur position et à apprécier ce qu'elles deviendraient un jour, puisque l'aristocratie féodale, pour s'opposer à leurs réclamations, pensait devoir organiser contre elle un système de répression.

Les seules lois du concile de 1061 qui soient parvenues jusqu'à nous, sont celles qui renouvelaient les dispositions de la *trève de Dieu* (1) Un mandement qui contraignait les abbés et les prélats *champêtres* à faire désormais leur résidence dans les villes les plus proches de leurs abbayes, une ordonnance contre les larrons, les homicides et les malfaiteurs, et la fameuse institution du *couvre-feu*, qui, imposée plus tard à l'Angleterre, fut regardée par elle comme la conséquence la plus insupportable de la conquête, et fut un des prétextes les plus fréquents des soulèvements des Anglo-Saxons contre leurs dominateurs (2). Les Normands, plus dociles, se conformèrent aisément à ces exigences et surent en apprécier l'utilité. Le *couvre-feu* devint bientôt un usage tellement enra-

---

(1) Bessin, Concilia Rotomagensis provinciæ, p. 39, 40 et 48. — Depping, Hist. des Expéditions maritimes des Normands dans les Gaules, t. ij, p. 220.

(2) Hume, Hist. d'Angleterre. — Aug. Thierry, Hist. de la conquête d'Angleterre par les Normands.

ciné qu'il subsiste encore de nos jours à Caen et même dans d'autres villes normandes. Pour mettre un terme aux vols nocturnes fort ordinaires alors, il fut commandé à tous les bourgeois de se retirer chez eux, de couvrir leur feu, d'éteindre les lumières et de se coucher dès que la cloche sonnerait : cet avertissement devait être donné par toutes les paroisses à huit heures, en hiver, et à neuf heures, en été. (¹)

Le duc Guillaume fit jurer à tous les barons et à tous les comtes le maintien des décisions prises dans cette assemblée. Leur serment fut prêté sur les reliques apportées pour la cérémonie, (²) et afin d'en perpétuer la mémoire, on construisit, sous le nom de *Ste-Paix-de-Toussaint*, une église au lieu même où les corps des bienheureux avaient été déposés. (³) —Des auteurs

(1) De Bras, Recherches et antiquitez de la ville de Caen, éd. 1588, p. 19. — Dumoulin, Hist. générale de Normandie, p. 160. — Bessin, Concilia Rotomagensis provinciæ, p. 48. — Huet, Origines de Caen, p. 274. — Hermant, Histoire du diocèse de Bayeux, préface et p. 136. — Lafrenaye, Nouvelle Histoire de Normandie, p. 261 et 328. — De la Rue, Essais historiques sur la ville de Caen, t. i, p. 298 et t. ij, p. 298. — Lettres sur Rouen, p. 429, 430.

(2) Bessin, Concilia Rotomagensis provinciæ, p. 48.—De la Rue, Essais historiques sur la ville de Caen, t. i, p. 298.

(3) Robert Wace, Roman de Rou, éd. Pluquet, t. ij, p. 98, 99. — Chronique de Normandie, éd. 1610, f. 94. — De Bras, Recherches et antiquitez de la ville de Caen, p 19.—Dumoulin, Histoire générale de Normandie, p. 160. — Moysant de Brieux, Poëmatum pars altera, p. 129. — Huet, Origines de Caen, p. 272. — Lafrenaye, Nouvelle Hist.

prétendent toutefois que cette église est d'une date plus ancienne, et qu'elle fut bâtie par Guillaume, en action de grâce de la victoire du Val-des-Dunes. (¹)

Les chroniques nous font connaître que le duc de Normandie déploya une grande magnificence tant que durèrent les délibérations, et qu'il donna une fête brillante au moment de leur clôture. « Festoyant grandement les prélats, » barons et gens notables qui y avaient assisté, » lesquels prindrent congé de luy bien contens » et luy donnans loüange pour ses bonnes ver- » tus. » (²) Depuis qu'il avait vu sa puissance fermement assise, son ambition accrue par une fortune toujours ascendante nourrissait un vaste projet qu'il pensait devoir incessamment mettre à exécution. C'est pour cela qu'il cherchait par ces moyens de popularité, ces largesses et ces prodigalités, à se concilier la considération et le dévouement de ceux qui pouvaient lui être utiles par leurs richesses ou le seconder de leur bras.

de Normandie, p. 261, 262. — De la Rue, Essais historiques sur la ville de Caen, t. i, p. 298.

(1) Mérian, Topographia Galliæ, cité par De la Rue, Essais historiques sur la ville de Caen, t. i, p. 298. — De la Rue, Essais hist. sur la ville de Caen, t i, p. 298.

(2) Chronique de Normandie, éd. 1610, f. 91. — Lafrenaye, Nouvelle Hist. de Normandie, p. 262.

CHAPITRE III.

Guillaume projette la conquête de l'Angleterre. — Réunion de la flotte normande à l'embouchure de la Dive. — Bataille d'Hastings; la jeunesse de Caen s'y distingue. — Suites de la conquête. — Aventure de Turstein de Caen. — La croix pleureuse. — Construction des abbayes de Caen. — Lanfranc, premier abbé de Caen. — Dédicace des abbayes de Caen; donations qui leur sont faites. — Mort et funérailles de Mathilde. — Mort de Guillaume; ses funérailles. — Asselin. — Tombeaux de Guillaume et de Mathilde.

(1051 — 1087.)

A la manière dont Guillaume-le-Bâtard avait débuté dans la carrière politique, on devait s'attendre qu'il ne resterait pas dans l'inaction, et qu'il ne ferait d'autre usage de la paix que celui de prendre le temps nécessaire pour se disposer à la guerre. Il voyait pour long-temps établie cette tranquillité pour laquelle il avait combattu ; la minorité de Philippe lui ôtait toute inquiétude de la part de la France, et ses autres voisins étaient affaiblis ou distraits par des dissentions intestines. (1) On pouvait donc prévoir qu'il ne tarderait pas, lui qui, jusqu'à cette période de sa vie, s'était borné à se défendre, à prendre à son tour l'initiative, et à faire quelque tentative d'agression. A cette activité qui lui était propre, il fallait plus que jamais un aliment, et il était facile de juger, d'après la valeur toujours occupée des Normands, qu'ils deviendraient infailliblement les maîtres de la proie, quelle qu'elle fût, qu'il désignerait à leur cupidité ; mais lui-même hésitait à décider vers quelle contrée il tournerait ses armes.

En supposant même à un conquérant une fortune toujours croissante, il ne lui eût pas été aisé d'ajouter une grande étendue de territoire à celui qu'il avait hérité de ses ancêtres sous le régime féodal, tel qu'il existait chez les Français. Le duc de Normandie eût pu, il est vrai, attaquer et réduire quelques-unes des forteresses qui se trou-

---

(1) Fulco comes Andegavensis ; Script. fr., t. xi, p. 138. — Chronicon Maxentii, Script. fr., t. xi, p. 220. — Chronicon Turonense, Script. fr., t. xi, p. 348. —Gesta consulum Andegavensium ; Script. fr., t. xi, p. 270. — Sismondi, Hist. des Français, t. iv, p. 334 et suiv.

vaient sur la frontière des ducs de Bretagne, du comte d'Anjou ou du roi de France; mais il lui eût été impossible d'avancer plus loin et de s'emparer de leurs domaines. Après un château qu'il aurait assiégé, se serait trouvé un autre château dont il aurait fallu faire le siége; des milliers de châteaux se seraient succédé ainsi, qui auraient, sans en excepter un seul, opposé une résistance opiniâtre, (¹) et encore eût-il fallu aux assaillants un succès continu : le moindre revers aurait détruit en un jour l'ouvrage de plusieurs années. Joignez à cela que les grands vassaux se seraient sans doute confédérés contre l'ennemi commun, oubliant leurs inimitiés personnelles, se ralliant en face du danger pour accabler celui qui aurait cherché à s'agrandir aux dépens des autres et de leurs droits. D'ailleurs, il n'était pas sûr que, quand même ils n'auraient pas voulu se coaliser, plusieurs d'entre eux ne se fussent défendus avec avantage : les comtes de Flandre, de Poitiers, de Toulouse, étaient plus puissants que Guillaume, et avaient des soldats aussi aguerris que les siens. (²)

Un voyage que Guillaume avait fait en Angle-

---

(1) Frodoard, Hist. de l'église de Rheims ; Guizot, collection des Mém. relatifs à l'Histoire de France, t. v, liv. iv, ch. 13, p. 533. — Sismondi, Hist. des Français, t. iij, p. 316 et 317, 377 et 430 et suiv.

(2) Sismondi, Hist des Français, t. iv, p. 334.

1051. terre, en 1051, (¹) mit fin à son indécision en dirigeant ses vues de ce côté. Le gouvernement des Anglo-Saxons était bien différent de celui des peuples du continent. Nouvellement échappés au despotisme des Danois, l'esprit d'indépendance s'était faiblement développé chez leurs chefs, et ils s'étaient, sans difficulté, soumis aux lois d'un seul. (²) Un homme hardi et courageux pouvait donc le renverser, si le sort le secondait. Les Normands aussi considéraient les pacifiques Anglais comme d'une nature au-dessous de celle de leur race, à laquelle des habitudes belliqueuses donnaient une supériorité incontestable, et cette persuasion, en diminuant leur crainte des chances contraires, était capable d'exalter leur valeur, d'atténuer à leurs yeux l'exagération des projets de leur duc, de les leur faire envisager sous les rapports sous lesquels il désirait les voir compris.

Néanmoins, une opposition assez forte qu'il rencontra dans le conseil de ses barons, lorsqu'il

---

(1) Ingulphus Croylandus, Historia; Rerum Anglicarum Script., p. 898. — Rogerius de Hoveden, Annalium pars prior; Rerum Anglicarum Script., p. 442. — Hume, Hist. d'Angleterre, t. i, p. 170, 171. — Robert Henri, Hist. d'Angleterre, t. ij, p. 105. — Licquet, Hist. de Normandie, t. ij, p. 186.

(2) Sharon Turner, History of the Anglo-Saxons. — Aug. Thierry, Hist. de la conquête de l'Angleterre par les Normands. — Palgrave, Hist. des Anglo-Saxons. — Licquet, Hist. de Normandie, t. ij.

leur communiqua ses idées, (¹) le détermina, avant de rien commencer, à donner à son entreprise un aspect de légalité dont elle manquait totalement, et à lui faire prendre une couleur religieuse. Il supposa un testament, signé en sa faveur par le dernier roi d'Angleterre, (²) réclama les droits qu'il lui donnait, et demanda au conclave de Latran un assentiment qu'il ne manqua pas de lui accorder, car il avait à se plaindre des Anglo-Saxons : depuis long-temps ils étaient peu soumis à la foi catholique, et avaient même abandonné les études religieuses. (³) « Les clercs, dit » Guillaume de Malmesbury, se contentaient » d'une instruction tumultuaire ; ils savaient à » peine balbutier les paroles des sacrements, et

---

(1) Robertus de Monte, Accessiones ad Sigebertum ; Script. fr. t. xi, p. 168. — Robert Wace, Roman de Rou, éd. Iluquet, t. ij, p 131 et suiv. — Chronique de Normandie, éd. 1610, f. 97, 98. — Sismondi, Hist. des Français, t. iv, p. 353. — Thierry, Hist. de la conquête de l'Angleterre par les Normands, t. i, p. 271. — Licquet, Hist. de Normandie, t ij, p. 208, 209.

(2) Ingulphus Croylandus, Historia ; Rerum Anglicarum Script., p. 900. — Wuillelmus Malmesburiensis, De Willelmo primo ; Rerum Anglicarum Script, p. 100. — Guillelmus Pictavensis, Gesta Guillelmi ducis ; Duchesne, Hist. Norm. Script. ant., p. 196, 197. — Guillelmus Gemmeticus, Hist. Norm., l. vij, ch. 31; Duchesne, Hist. Norm. Script. ant., p. 285. — Mathieu Paris, Hist. Angl., p. 634. — Et posteres.

(3) Wilhelmus Malmesburiensis, de Wilhelmo primo, rerum Anglicarum Script., p. 101, 102. — Sismondi, Hist. des Français, t. iv, p. 249 et suiv. — Aug. Thierry, Hist. de la conquête de l'Angleterre par les Normands, t. i, p. 244, 245.

» si quelqu'un d'entre eux connaissait la gram-
» maire, il était en admiration à tous les au-
» tres. » (¹) Le pape fit plus, il lui envoya un
étendard pour guider ses soldats à la destruction
des contempteurs de l'autorité pontificale. (²)

L'invasion prenant ainsi le caractère d'une croisade, une foule d'hommes d'armes affluèrent de
toute l'Europe près de Guillaume; il en vint de
la Flandre et du Rhin, de la Bourgogne, du Pié-
mont, de l'Aquitaine, du Maine et de l'Anjou,
du Poitou et de la Bretagne. (³) Les plus beaux
chevaux lui furent envoyés d'Espagne, de Gascogne et d'Auvergne, (⁴) et une grande quantité

---

(1) Wilhelmus Malmesburiensis, l. 3, Script. fr., t. xi, p. 185. — Licquet, Hist. de Normandie, t. ij, p. 202.

(2) Guillelmus Pictavensis, Gesta Guillelmi ducis; Duchesne, Hist. Norm. Script. ant., p. 197. —Ordericus Vitalis, Historiæ ecclesiasticæ; Duchesne, Hist. Norm. Script. ant., p. 493. — Lafrenaye, Nouvelle Hist. de Normandie, p. 285. — Sismondi, Hist. des Français, t. iv, p. 355. —Aug. Thierry, Hist. de la conquête de l'Angleterre par les Normands, t. i, p. 268.

(3) Guillelmus Pictavensis, Gesta Guillelmi ducis; Duchesne, Hist. Norm. Script. ant., p. 197. — Guillelmus Gemmeticus, Hist. Normannorum, l. vij, cap. 24; Duchesne, Hist. Norm. Script. ant., p. 286. — Robert Wace, Roman de Rou, éd. Pluquet, t. ij, p. 142. — Chronique de Normandie, éd. 1610, f. 99. — Dumoulin, Hist. générale de Normandie, p. 174, 175. — Hume, Hist. d'Angleterre, t. i, p. 183. — Sismondi, Hist. des Français, t. iv, p. 348. — Et les autres modernes.

(4) Guillelmus Gemmeticus, Hist. Normannorum, l. vij, ch. 34; Duchesne, Hist. Norm. Script. ant., p 286. — Guillelmus Pictavensis,

de navires furent mis à sa disposition ; (¹) il indiqua à tous pour lieu de réunion l'embouchure de la rivière de Dive, où les vents contraires le retinrent un mois. (²) Pendant ce temps, sa fermeté maintint la discipline entre les matelots et les soldats, et il s'occupa de prévenir toute espèce de désordre durant son absence, en faisant déclarer dans un conseil tenu à Bonneville-sur-Touque, la duchesse Mathilde, régente du duché. (³)

Enfin une brise du sud s'étant déclarée, tous les vaisseaux appareillèrent, filèrent le long de

---

Gesta Guillelmi ducis ; Duchesne, Hist. Norm. Script. ant., p. 181. — Robert Wace, Roman de Rou, éd. Pluquet, t. ij, p. 193. — Michelet, Histoire de France, t. ij, p. 197.

(1) Guillelmus Pictavensis, Gesta Guillelmi ducis ; Duchesne, Hist. Norm. Script. ant., p. 197. — Guillelmus Gemmeticus, Hist. Normannorum, l. vij, cap. 24 ; Duchesne, Hist. Norm. Script. ant., p. 286. — Robert Wace, Roman de Rou, éd. Pluquet, t. ij, p. 145. — Chronique de Normandie, éd. 1610, f. 99, 100. — Dumoulin, Hist. générale de Normandie, p. 175. — Goube, Hist. du duché de Normandie, t. i, p. 213, 214 — Lafrenaye, Nouvelle Hist. de Normandie, p. 285, 286.

(2) Ordericus Vitalis, Hist. ecclesiasticæ, l. iij ; Duchesne, Hist. Norm. Scrip. ant., p. 502. — Dumoulin, Hist. générale de Normandie, p. 176 — Hume, Hist. d'Angleterre, t. i, p. 187. — Lafrenaye, Nouvelle Hist. de Normandie, p. 285, 286, 287. — Augustin Thierry, Hist. de la conquête de l'Angleterre par les Normands, t. ij, p. 278. — Licquet, Hist. de Normandie, t. ij, p. 210, 211.

(3) Ordericus Vitalis, Hist. ecclesiasticæ, l. iij ; Duchesne, Hist. Norm. Script. ant., p. 494. — Dumoulin, Hist. générale de Normandie, p. 175 et 198. — Lafrenaye, Nouvelle Hist. de Normandie, p. 287.

la côte, jusqu'à St. Valery, (¹) et de là, allèrent de l'autre côté du détroit, débarquer cent cinquante mille hommes à Pevensey. (²)

On sait quelles furent les suites de leur intrépidité : huit heures de combat à Hastings suffirent, (³) et Guillaume, arrivé en Angleterre le 28 septembre 1066, victorieux un mois après, recevait les clefs de Londres. (⁴)

---

(1) Guillelmus Pictavensis, Gesta Guillelmi ducis ; Duchesne, Hist. Norm. Script. ant., p. 498 —Wilhelmus Malmesburiensis, de Wilhelmo primo, l. iij ; Rerum Anglicarum Script., p. 100. — Mathieu Paris, Prologus, p. 2. — Et posteres.

(2) Ingulphus Croylandus, Historia ; Rerum Anglicarum Script., p. 900. — Wilhelmus Malmesburiensis, de Wilhelmo primo, l. iij, Rerum Anglicarum Script., p. 100. — Rogerius de Hoveden, annalium pars prior ; Rerum Anglicarum Script., p. 448. — Mathieu Paris, Prologus, p. 2. — Chronique de Normandie, éd. 1610, f. 100. — Hume, Hist. d'Angleterre, t. i, p. 188. — Sismondi, Hist. des Français, t. iv, p. 357. — Aug. Thierry, Hist. de la conquête de l'Angleterre par les Normands, t. i, p. 289.

(3) Ingulphus Croylandus, Historia ; Rerum Anglicarum Script., p. 900. — Wilhelmus Malmesburiensis, de Wilhelmo primo, l. iij ; Rerum Anglicarum Script., p. 101. — Rogerius de Hoveden, Annalium pars prior ; Rerum Anglicarum Script., p. 448, 449. — Mathieu Paris, Prologus, p. 2, 3 ; — Hume, Hist. d'Angleterre, t. i, p. 193. — Et les modernes.

(4) Rogerius de Hoveden, Annalium pars prior; Rerum Anglicarum Script., p. 449. — Guillelmus Pictavensis, Gesta Guillelmi ducis ; Duchesne, Hist. Norm. Script. fr., p. 205. — Hume, Hist. d'Angleterre, t. i, p. 234. — Augustin Thierry, Hist. de la conquête de l'Angleterre par les Normands, t. i, p. 317.

En quatre-vingt huit jours, il avait gagné une couronne et l'avait assurée sur sa tête. *

Parmi ceux qui se distinguèrent à la bataille d'Hastings, Wace a fait une mention honorable des habitants de Caen et de ceux de ses environs, de

> .. la jovente de *Caem*
> E de Faleise é d'Argentoen
> E *d'Anisie* e de *Matoen* (1),

Et au milieu d'eux, il a *cité* particulièrement avec les écrivains de son siècle : *Robert* ou *Roger Marmion de Fontenay;* (2) *Erneis de Buron*, (3) les barons de *Creully* et d'*Harcourt;* (4) le sei-

---

* Londres, il est vrai, avait été rendu à Guillaume un mois après la bataille d'Hastings ; mais des motifs de prudence l'empêchèrent d'y entrer avant le jour de Noël.

(1) Robert Wace, Roman de Rou, éd. Pluquet, t. ij, p. 234. — De la Rue, Essais hist. sur la ville de Caen, t. ij, p. 300.

(2) Robert Wace, Roman de Rou, éd. Pluquet, t. ij, p. 247 et 268, 269. — Bromton, Liste citée par Henniker, Two letters on the origin of norman tiles stained with armorial bearings, p. 37. — Depping, Hist. de Normandie, t. i, p. 69. — Dumoulin, Hist. générale de Normandie, p. 185.

(3) Dooms-day-book, t. iij, p. 155.

(4) Bromton, Liste citée par Henniker, Two letters on the origin of the norman tiles stained with armorial bearings, p. 40. — Dumoulin, Hist. générale de Normandie, p. 185 et 187. — De la Rue, Essais hist. sur la ville de Caen, t. ij, p. 393.

gneur de *Maltot;* (¹) les sires de *Combray,* (²) d'*Aulnay*, (³) de *Cintheaux* (⁴) et de *Tournebu;* (⁵) les seigneurs de *St.-Aubin*, (⁶) de *Colleville*, (⁷) et de *Bonneville;* (⁸) les sires de *Tracy*, (⁹) et de *Reviers*, (¹⁰) de *Vaux* (¹¹) et de *Bernières ;* (¹²) le sieur de *Magny*, (¹³) le sieur de *Blainville*, (¹⁴) le sieur de *Malherbe*, (¹⁵) le sieur d'*Osseville;* (¹⁶)

---

(1) Robert Wace, Roman de Rou, éd. Pluquet, t. ij, p. 256. — Dumoulin, Hist. générale de Normandie, p. 187.

(2) Robert Wace, Roman de Rou, éd. Pluquet, t. ij, p. 267.

(3) Robert Wace, Roman de Rou, éd. Pluquet, t. ij, p. 267.

(4) Dumoulin, Hist. générale de Normandie, p. 186.

(5) Dumoulin, Hist. générale de Normandie, p. 187.

(6) Bromton, Liste citée par Henniker, Two letters on the origin of the norman tiles stained with armorial bearings, p. 38. — Dumoulin, Hist. générale de Normandie, p. 189.

(7) Bromton, Liste citée par Henniker, Two letters on the origin of the norman tiles stained with armorial bearings, p. 37.

(8) Dumoulin, Hist générale de Normandie, p. 190.

(9) Dumoulin. Hist. générale de Normandie, p. 185.

(10) Dumoulin, Hist. générale de Normandie, p. 185.

(11) Bromton, Liste citée par Henniker, Two letters on the origin of the norman tiles stained with armorial bearings, p. 41. — Dumoulin, Hist. générale de Normandie, p. 190.

(12) Bromton, Liste citée par Henniker, Two letters on the origin of the norman tiles stained with armorial bearings, p. 40. — Dumoulin, Hist. générale de Normandie, p. 190.

(13) Dumoulin, Hist. générale de Normandie, p. 188.

(14) Dumoulin, Hist. générale de Normandie, p. 188.

(15) Bromton, Liste citée par Henniker, Two letters on the origin of the norman tiles stained with armorial bearings, p. 41. — Dumoulin, Hist. générale de Normandie, p. 188.

(16) Dumoulin, Hist. générale de Normandie, p. 190.

qui se mêlèrent avec vigueur au combat et en furent généreusement récompensés par le nouveau roi.*

Guillaume leur distribua, ainsi qu'aux autres seigneurs de la province et aux aventuriers qui s'étaient enrolés sous sa bannière, la meilleure partie des terres des Anglais. De vastes domaines, des châteaux, des bourgades, des villes entières furent la solde dont il paya les services rendus par eux dans l'invasion. (1) Il n'oublia pas non plus le clergé, qui avait tant aidé à sa politique : les fils, les frères, les amis des conquérants prirent place sur les siéges épiscopaux et archiépiscopaux de la grande Bretagne. (2) Les princi-

---

* Les familles de ces compagnons de Guillaume sont maintenant éteintes, pour la plupart, et il ne reste dans notre pays que des villages portant les noms qu'ils ont reçus d'elles ou qu'elles leur ont donnés.

(1) Dooms-day-book. — Ingulphus Croylandus, Historia ; Rerum Anglicarum Script., p. 904. — Henricus Huntindoniensis, Historiarum, l. vij ; Rerum Anglicarum Script., p. 369. — Mathieu Paris, Hist. Angl., p. 4. — Guillelmus Pictavensis, Gesta Guillelmi ducis ; Duchesne, Hist. Norm. Script. ant, p. 206. — Robert Wace, Roman de Rou, éd. Pluquet, t ij, p. 287. — Chronique manuscrite de Normandie ; Historiens fr., t. xiij, p. 239. — Hume, Hist. d'Angleterre, t. i, p. 256.—Sismondi, Hist. des Français, t. iv, p. 361 et suiv.—Aug. Thierry, Hist. de la conquête de l'Angleterre, par les Normands, t. i, p. 328.

(2) Guillelmus Pictavensis, Gesta Guillelmi ducis ; Duchesne, Hist. Norm. Script. ant., p. 206. — Eadmerus, Historia ; Script. fr., t. xi, p. 193. — Hume, Hist. d'Angleterre, t. i, p. 256, 257. — Sismondi, Hist. des Français, t. iv, p. 362. — Aug. Thierry, Hist. de la conquête de l'Angleterre par les Normands, t. i, p. 328.

paux abbés furent pareillement remplacés par
des clercs dévoués ; mais tous, laïques et ecclésiastiques, sans distinction, se conduisirent avec les
vaincus, qui leur furent livrés comme serfs ou
comme subordonnés, en ennemis orgueilleux et
insatiables, prenant tout l'argent, les biens, la
terre; incendiant, dévastant et versant le sang
au hasard; les abbés eux-mêmes se montrèrent
plus cruels et plus exigeants que les autres. (1)
Parmi une multitude d'exemples que nous pour-
rions rapporter, nous choisissons un seul trait qui
donnera l'idée et la mesure de la conduite féroce
des moines appelés des couvents normands pour
être mis à la tête des monastères d'outre-mer.

Turstein, moine de Caen, avait été nommé
abbé de *Glastonbury*, dans le comté de *Sommerset*.
C'était, avant la conquête, une des plus riches
communautés du royaume ; mais déjà le duc-roi en
avait diminué la splendeur en s'emparant d'une
partie de ses revenus. Turstein commença par
traiter dédaigneusement ses religieux, et par retrancher une partie de leur nourriture pour les
rendre, disait-il, plus maniables, ce qui fut loin
d'avoir lieu : on pense bien, au contraire, que la

(1) Ordericus Vitalis, Hist. ecclesiasticæ, l. iv ; Duchesne, Hist.
Norm. Script. ant., p. 523. — Sismondi, Hist. des Français, l. iv,
p. 362, 363. — Aug. Thierry, Hist. de la conquête de l'Angleterre par
les Normands, t. ij, p. 114 et suiv.

famine ne fit que les irriter davantage. Ensuite, pour les habituer à ses caprices, il leur imposa tant de règles nouvelles, tant de bizarres institutions que la patience leur manquant à la fin, ils déclarèrent un jour, en plein chapitre, leur résolution inébranlable de ne plus rien changer, et refusèrent de quitter le chant grégorien pour une méthode nouvellement inventée par *Guillaume* de *Fécamp*, et que leur abbé, par esprit national, trouvait préférable à toute autre. Turstein sortit furieux, et revint aussitôt avec une compagnie de gens armés de toutes pièces dont il disposait. A cette vue, les récalcitrants épouvantés s'enfuirent vers l'église et se réfugièrent dans le chœur dont ils eurent le temps de fermer les portes; mais les satellites de l'abbé les forcèrent après quelques minutes de siége, poursuivirent les moines au pied du maître-autel et derrière les châsses et les reliquaires, et les chargeant à coups de flèches, de lances et d'épées, tuèrent ou blessèrent mortellement vingt-trois d'entre eux. Le sang ruissela sur les marches de l'autel, dont le grand crucifix fut hérissé des flèches lancées par les soldats.

A la vérité, après avoir commis ce crime, Turstein fut forcé par l'indignation publique de retourner à Caen ; mais, quatre ans après, il trouva le moyen de rentrer dans sa dignité à

Glastonbury, en faisant un présent de cinq cents livres d'argent (¹).

Tandis que le duc établissait ainsi sur des ruines sa puissance dans le pays conquis, la Normandie, restée paisible spectatrice, se réjouissait d'une victoire qui allait cependant la faire descendre à un rôle secondaire. Guillaume résolut de la visiter, aussitôt qu'il pensa pouvoir le faire. Son arrivée, au mois de mars 1067, y causa un enthousiasme universel ; c'était le temps du carême. On crut néanmoins dans les évêchés où il s'arrêta, devoir suspendre les abstinences et les rigueurs prescrites par l'église, afin de célébrer avec plus de pompe la présence d'un aussi grand vainqueur. (²) L'éclat des fêtes qu'on lui donna était encore relevé par celui des trésors, des étoffes brodées, des vases d'or et d'argent, des croix enrichies de pierreries qu'il traînait à la suite

---

(1) Ingulphus Croylandus, Historia ; Rerum Anglicarum Script., p. 903. — Wilhelmus Malmesburiensis, De Gestis pontificum ; Rerum Anglicarum Script., p. 254. — Aug. Thierry, Hist. de la conquête de l'Angleterre par les Normands, t. ij, p. 418 et suiv. — Depping, Hist. de Normandie, t. i, p. 55 et suiv.

(2) Guillelmus Pictavensis, Gesta Guillelmi ducis; Duchesne, Hist. Norm. Script. ant., p. 210, 211. — Guillelmus Gemmeticus, Hist. Normanorum, l. vij, cap. 38 ; Duchesne, Hist. Norm. Script., ant., p. 288. — Chronique de Normandie, éd. 1610, f. 114. — Dumoulin, Hist. générale de Normandie, p. 196, 197. — Augustin Thierry, Hist. de la conquête de l'Angleterre par les Normands, t. i, p. 346 — Depping, Hist. de Normandie, t. i, p. 42.

de son cortége et distribuait avec profusion. (¹)

Le peuple s'exaltait auprès de tant de faste et de magnificence. A en croire, toutefois, une opinion assez généralement répandue à Caen, sur la foi d'anciennes chroniques, le séjour de Guillaume dans cette ville fut marqué par un évènement que des circonstances bizarres et en contradiction avec toutes les histoires contemporaines ont fait, avec raison, révoquer en doute, mais auquel le caractère violent du conquérant a pu donner certain air de vraisemblance. On raconte que, se promenant un jour avec Mathilde, dans les rues de la ville, celle-ci, à l'instigation d'un courtisan qui avait à se venger de l'un et de l'autre, lui demanda, comme bénéfice de la conquête, le produit d'un prétendu tribut des bâtards. Jamais aucun impôt de ce genre n'avait été levé, et une semblable requête dut paraître au duc, bâtard lui-même, une impertinente plaisanterie. Aussi s'en vengea-t-il cruellement. Faisant sur-le-champ saisir sa femme, il l'attacha de ses propres mains, par les cheveux, à la queue du cheval qu'il montait, et la traîna de-

---

(1) Guillelmus Pictavensis, Gesta Guillelmi ducis; Duchesne, Hist. Norm. Script. ant., p. 211. — Ordericus Vitalis, Hist. Ecclesiasticæ, l. iv; Duchesne, Hist. Norm. Script. ant., p. 506. — Augustin Thierry, Hist. de la conquête d'Angleterre par les Normands, t. i, p. 346, 347. — Depping, Hist. de Normandie, t. i, p. 12.

puis le Bourg-l'Abbé, où elle avait fait son inconvenante demande, jusqu'à l'extrémité de la rue de Vaucelles. Ce ne fut qu'en ce lieu que les pleurs et les cris de la duchesse finirent par attendrir Guillaume, qu'il consentit à entendre une explication facile à donner, et pardonna la faute involontaire de Mathilde. On voyait encore, en 1562, à la place où le duc s'était arrêté, une croix que Mathilde avait, disait-on, fait élever en commémoration de cet évènement conjugal, et qu'elle fit appeler la *Croix pleureuse*.

Sans contester le témoignage d'un pareil monument, nous passerons sous silence une foule de circonstances de ce supplice, infligé par un époux outragé à sa femme coupable seulement d'imprudence, quoique un moine bénédictin les ait trouvées assez importantes pour les réfuter, en publiant un gros livre contre leur authenticité. * Nous ferons seulement remarquer que les chroniques terminent leur anecdote en disant que ce fut en réparation de cet emportement que les deux abbayes de Saint-Étienne et de Sainte-Trinité furent bâties, et qu'on a la certitude que leur construction avait été com-

---

* Ce moine, nommé Mathieu de la Dangie, écrivait en 1620 ; nous n'avons pu nous procurer son livre, qui est fort rare : il est intitulé *Apologie pour la défense de Guillaume-le-Conquérant*, Caen, in-4°, Joachim Massienne.

mencée plus de deux années avant le départ de Guillaume pour l'Angleterre. (1)

Les premières pierres de ces monastères avaient 1064—1082. effectivement été posées dès 1064, et l'on voit que l'un d'eux, celui des femmes, était déjà achevé au retour du duc de Normandie, car son église fut dédiée le 18 juin de la même année par *Maurille*, archevêque de Rouen, assisté des évêques et des abbés de la province. *

Le duc et son épouse, accompagnés de leurs enfants, de leur cour et de leurs barons, étaient présents à cette dédicace. Une religieuse, appartenant aux premières familles de la province, et que plusieurs auteurs, à cause de son nom de *Mathilde*, ont cru, à tort, avoir été la reine elle-même, (2) y fut installée comme première abbesse. Le prince y présenta sa fille *Cécile*, pour y être consacrée à Dieu; et d'autres dames nobles, au nombre desquelles étaient la fille du sieur de *Mézidon*, celle de *Roger de Montbray*, celle d'*Al-*

---

(1) Chronique de Normandie, éd. 1610, f. 78, 79. — Huet, Origine de Caen, p. 149, 150 et 622. — Lafrenaye, Nouvelle Hist. de Normandie, p. 361, 362.

* Nous avons, autant qu'il nous a été possible, cherché à concilier l'opinion de Huet et celle de l'abbé de la Rue sur l'époque des constructions des abbayes de Caen.

(2) Depping, Hist. de la Normandie, t. i, p. 106.

fred de Moyon, celle de *Godefroy Louvel*, sieur de *Colleville-sur-Orne*, celle de *Ranulphe-le-vicomte*, *Hadvise*, femme de *Foulques d'Aunou*, et *Albériade*, sa sœur ; les sœurs de *Raoul Tesson* et de *Guillaume Bacon*, les deux plus puissants seigneurs normands ; les mères de *Robert de Mathan* et du sieur de *Courseulles* s'empressèrent de se faire également recevoir dans cette abbaye, devenue tout d'un coup une des plus riches de la contrée par les donations considérables qu'elles ou leurs parents lui firent, à l'exemple de leurs souverains.

C'est ainsi qu'elle acquit la propriété de plusieurs seigneuries dans l'île nouvellement conquise, aux comtés de *Dorset*, de *Devon*, de *Glocester* et d'*Essex* ; du faubourg de *Saint-Gilles*, du bourg de *Calix*, de *Oistreham*, d'*Hérouville*, de *Carpiquet*, de *Grainville*, de *Ranville*, de *Sallen*, de *Vaux-sur-Seulles*, de *Foulbec*, de *Villons* et de *Grand-Camp* ; qu'elle obtint des terres au territoire de Caen, à *Vaucelles*, à *Éterville*, à *Amblie*, à *Giberville*, à *Feuguerolles*, à *Saint-Georges-d'Aunay*, à *Jurques*, et des vignes à *Argences* ; que les dîmes des trois églises paroissiales de *Falaise*, de celles de *Blay* et de *Colleville-sur-Orne* lui furent concédées ; qu'on lui abandonna un moulin dans la rue *Froide-Rue* de Caen, et un autre moulin à Jersey, de même que tous les droits de pêche dans l'*Orne*, la *Dive* et la *Divette*, avec de nombreux paysans, des rentes de toute espèce, des meubles, etc., etc. (1)

Le duc Guillaume accorda, en outre, à l'abbaye de Sainte-Trinité une foire de trois jours, la veille, le dimanche et le lendemain de la Trinité, pendant lesquels l'abbesse avait les « coutumes, » acquits, barrages, péages, trépas, tavernages » par toute la ville de Caen et forsbourgs d'icelle, » avecques la juridiction et cognoissance à ce appartenante, » (2) et jouissait de toutes les dignités et de tous les droits royaux. Le vendredi, *heure de vêpres,* ses officiers civils et ceux de son officialité allaient placer ses armoiries à toutes les entrées de la ville, les prévosts et fermiers ordinaires étaient tenus d'enlever des portes les boîtes qu'ils y plaçaient pour la perception des droits royaux, et d'y laisser placer, durant la foire, celles des fermiers de l'abbaye. Pendant ce temps enfin, l'abbesse jouissait des honneurs militaires, et le commandant de la place était obligé d'aller lui demander le mot d'ordre pour le donner à la garnison. (3)

---

(1) Neustria pia, p. 658 et suiv. — Gallia christiana, t. xi, Instrumenta Ecclesiæ bajocensis, col. 68 et suiv. — Huet, Origines de Caen, ch. 14. — De la Rue, Essais hist. sur la ville de Caen, t. ij, p. 6 et suiv.

(2) Aveux des abbesses et jugements divers cités par De la Rue, Essais hist. sur la ville de Caen, t. ij, p. 9.

(3) De la Rue, Essais hist. sur la ville de Caen, t. ij, p. 8, 9, 10, 11.

Soit qu'il y ait eu interruption dans les travaux de construction de l'abbaye de Saint-Etienne, soit qu'occupés d'études intellectuelles, ses architectes les aient conduits moins activement, ce couvent ne fut achevé que long-temps après celui de la Trinité, et la dédicace ne s'en fit qu'en l'année 1077. Lanfranc, ce moine dont les habiles négociations avaient reconcilié Guillaume avec le pape, avait été chargé de la direction des ouvriers. Rien n'empêche même de croire que les plans de l'église et du monastère aient été donnés par lui, car les arts comme les sciences n'étaient, au moyen-âge, cultivés que par des religieux, et Lanfranc était, sous tous les rapports, bien supérieur aux moines de son époque. ([1])

C'était un Italien, lombard de nation, et fameux dans le monde chrétien par ses écrits et sa polémique religieuse contre l'archidiacre d'Angers, *Béranger*, ([2]) savant dialecticien, ayant, à force de travail, acquis une connaissance profonde de l'Écriture, de la tradition et du droit canonique. Phi-

---

(1) Michelet, Hist. de France, t. ij, p. 356.
(2) Lanfranci Opera, Vita sancti Lanfranci et Ad vitam beati Lanfranci notæ et observationes. — Ordericus Vitalis, Hist. ecclesiasticæ, l. iv ; Duchesne, Hist. Norm. Script. ant., p. 549. — De Bras, Recherches et Antiquitez de la ville de Caen, éd. 1588, p. 25, 26. — Masseville, Hist. de Normandie, t. i, p. 292. — Licquet, Hist. de Normandie, t. ij, p. 168 et suiv. — Depping, Hist. de la Normandie, t i, p. 16.

losophe avant tout, il n'avait fait de son immense érudition qu'un moyen de parvenir, et en courtisan habile, il l'avait mise au service de son ambition. Une activité incessante, une éloquence persuasive et surtout l'affectation d'une ardente piété l'avaient fait aimer du peuple et vénérer comme un saint. (1) D'Avranches, où il avait d'abord enseigné, il était venu, suivi de ses disciples, (²) au monastère du Bec, dans lequel il ouvrit une école de littérature. Sa réputation, un besoin d'instruction qui commençait à se faire sentir, l'amour de la nouveauté lui attirèrent bientôt de nombreux élèves de la France, de la Bretagne, de la Gascogne et de la Flandre. (³) Ses leçons en prirent plus d'importance, et Guillaume voulut le connaître; il le fit

---

(1) Guillelmus Pictavensis, Gesta Guillelmi ducis Normannorum; Duchesne, Hist. Norm. Script. ant., p. 194. — Ordericus Vitalis, Hist. ecclesiasticæ, l. iij et iv; Duchesne, Hist. Norm. Script. ant., p. 494 et 519. — De la Rue, Essais hist. sur la ville de Caen, t. ij, p. 183. — Aug. Thierry, Hist. de la conquête de l'Angleterre, t. i et ij. — Et les autres modernes.

(2) Guillelmus Gemmeticus, Hist. Normannorum, l. vi, c. 9; Duchesne, Hist. Norm. Script. ant., p 264 et suiv. — Ordericus Vitalis, Hist. ecclesiasticæ, l. iv; Duchesne, Hist. Norm. Script. ant., p. 519. — Lanfranci Opera, Vita sancti Lanfranci, c. 1, 2. — Licquet, Hist. de Normandie, t. ij, p. 168, 169. — Depping, Hist. de la Normandie, t. i, p. 17.

(3) Guillelmus Gemmeticus, Hist. Norm., l. vi, c, 9; Duchesne, Hist. Norm. Script. ant., p. 262. — Opera Lanfranci, Vita sancti Lanfranci, c. 1, 2. — Licquet. Hist. de Normandie, t ij, p. 168 et suiv.

appeler à sa cour, l'admit à un entretien secret, et, charmé de la vivacité de son esprit et de la prudence de ses conseils, il lui confia la mission délicate dont nous avons parlé. On sait comment il s'en acquitta. De ce moment Lanfranc devint le confident intime du duc, et celui-ci n'agit plus que d'après ses avis, dont il eut souvent besoin pour se tirer des embarras que lui suscitait, à chaque instant, l'avidité de la cour de Rome qui voulait se faire chèrement payer ses services. (1)

A présumer la conduite que Guillaume aurait tenue s'il ne fût pas devenu roi, par celle qu'il tint depuis sa victoire, on doit être à peu près certain qu'il eût fait ses efforts pour donner des bases fixes à la hiérarchie féodale en Normandie et pour en devenir le chef. Tout nous porte à croire que ce fut dans ce but qu'il fit faire d'innombrables travaux dans la ville de Caen, et qu'il la mit en peu de temps en état de le disputer en magnificence à Rouen. Il devait trouver cette dernière place trop éloignée du centre de ses états, et chercher à faire sa capitale d'une ville située sur un point plus favorable à ses

---

(1) Annales ordinis sancti Benedicti, t. iv, passim. — Lanfranci Opera, Vita Sancti Lanfranci, c. 3, 4. — Aug. Thierry, Hist. de la conquête de l'Angleterre par les Normands, t. i et 2. — Licquet, Hist. de Normandie, t. i, p. 243 et suiv.

projets de despotisme. Caen, au milieu de la province et à portée de la mer, remplissait admirablement ces conditions. Aussi employa-t-il tous ses soins à l'augmenter et à le fortifier, il le fit entourer d'épaisses murailles (1); toute la paroisse St-Sauveur, une partie des paroisses de Notre-Dame, de St-Pierre, de St-Martin et de St-Julien furent comprises dans cette première enceinte, close au midi par les murs connus encore aujourd'hui sous le nom de *Petites-Murailles*. (2) Il y bâtit le château, et le mit sous les ordres d'un gouverneur, (3) y fixa l'échiquier (4) et y éleva deux magnifiques palais pour lui et sa famille, l'un dans le château même, (5) et l'autre, dont quelques bâtiments subsistent encore auprès de son abbaye de Saint-Étienne, mais ne sont plus que des débris informes, et ne rappellent en rien leur magnificen-

---

(1) Robertus abbas de Monte Sancti Michaëlis, Appendix ad Sigebertum, Script. fr., t. xiij, p. 285. — Huet, Origines de Caen, ch. 8. — De la Rue, Essais hist. sur la ville de Caen, t. i, p. 56, 57.

(2) De la Rue, Essais hist. sur la ville de Caen, t. i, p. 57.

(3) Huet, Origines de Caen, ch. 6 et 15. — De la Rue, Essais hist. sur la ville de Caen, t. i, p. 56 et t. ij, p. 272.

(4) De la Rue, Essais hist. sur la ville de Caen, t. ij, p. 307, 308, 309.

(5) Radulphus Tortarius, monachus, Epistola ad Robertum; Dubois, Archives de la Normandie, t. i, p. 384. — De la Rue, Essais hist. sur la ville de Caen, t. ij, p. 306, 307.

ce d'autrefois. (1) Les mêmes intentions politiques y firent instituer les deux couvents, et le duc, désirant encore donner plus d'éclat à sa ville de prédilection, ne manqua pas d'y appeler son docte favori, qui, en acceptant le titre d'*abbé* de Caen, entraîna avec lui les hommes avides d'apprendre qui l'accompagnaient partout, (2) et commença, de cette manière, aux lieux qu'il adopta pour demeure, un foyer de science et d'instruction qui, continuant à briller près de quatre siècles après lui, finit par amener l'établissement de l'université.

Lanfranc ne resta cependant pas long-temps au poste éminent que ses talents scholastiques lui avaient mérité. Les résultats heureux de la bataille d'Hastings changèrent bientôt la direction des ambitions. On lui avait offert l'archevêché de Rouen, qu'à la grande surprise de tout le monde, excepté peut-être de Guillaume, il refusa. (3) Mais, deux

---

(1) Huet, Origines de Caen, p. 245, 246. — Ducarel, Anglo-Norman antiquities, p. 59, 60. — John Henniker, Letters on the Origin of norman tiles, p. 7, 8. — De la Rue, Essais hist. sur la ville de Caen, t. i, p. 306 et t. ij, p. 82, 83.

(2) Guillelmus Gemmeticus, Gesta Guillelmi ducis ; Duchesne, Hist Norm. Script. ant., p. 262. — Lanfranci Opera, Vita sancti Lanfranci, c. 1, 2. — Licquet, Hist. de Normandie. t. ij, p 168 et suiv. — Depping, Hist. de la Norm., t. i, p 15.

(3) Ordericus Vitalis, Hist. ecclesiasticæ, l. iv ; Duchesne, Hist. Norm. Script. ant., p. 507. — Pommeraye, Hist. des archevêques de Rouen, p. 264. — Masseville, Hist. de Normandie, t. i, p. 286. — Depping, Hist. de la Normandie, t. i, p. 17.

ans plus tard, on le vit s'asseoir sur le premier siége archiépiscopal de l'Angleterre, celui de *Kenterbury*, où son aptitude aux affaires publiques l'appelait, et d'où il seconda par sa fermeté et la justesse de ses conseils, les mesures par lesquelles le chef normand parvint à contenir dans une obéissance forcée les vainqueurs et les vaincus. (1) Les désirs du moine étaient satisfaits, l'archevêque de Kenterbury, chef suprême de l'église anglicane, était en outre un personnage politique; il commandait au plus intrépide et au plus indépendant des comtés saxons, et, dans ses fréquentes absences, le conquérant lui confiait les soins difficiles de son gouvernement. (2) De ce moment, soit sympathie pour le peuple, soit résolution de faire sentir sa puissance au clergé, tout en lui rappelant des devoirs dont il s'écartait sans cesse, il prit la défense des faibles contre les forts, attaqua, écrasa les prélats et les grands, dès le plus léger signe de ré-

---

(1) Ordericus Vitalis, Hist. ecclesiasticæ, l. iv ; Duchesne, Hist. Norm. Script. ant., p. 519, 520. — Ingulphus, Historia, Rerum anglicarum Script., p. 901. — Dumoulin, Hist. générale de Normandie, p. 209. — Goube, Hist. du duché de Normandie, t. i, p. 231. — De la Rue, Essais hist. sur la ville de Caen, t. ij, p. 70. — Aug. Thierry, Hist. de la conquête d'Angleterre, t. ij, p. 17.

(2) Chronicon Anglo-Saxonicum, Script. fr., t. xiij, p. 52. — Opera Lanfranci, Vita sancti Lanfranci, c. 3 et 7 et 15. — Opera Lanfranci, Epistolæ, passim. — Michelet, Hist. de France, t. ij, p. 334 et 506. — Depping, Hist. de la Normandie, p. 94 et suiv.

bellion à l'autorité royale, et s'opposa maintes-fois aux vexations du propre frère de Guillaume, en réclamant contre sa tyrannie les priviléges des hommes de *Kent,* et en repoussant les mauvaises coutumes que ce prêtre turbulent se vantait de pouvoir leur imposer aussi facilement qu'il les avait imposées aux habitants des autres provinces.(1)

Les circonstances ayant ainsi détourné Lanfranc de la surveillance des travaux entrepris pour son abbaye, c'est à *Guillaume-Bonne-Ame,* son successeur dans la dignité d'abbé, que l'on en doit la continuation et l'achèvement, en 1077. (2)

L'archevêque de Kenterbury revenait de Rome à la même époque, apportant avec lui les priviléges que sa mission avait été d'obtenir pour les nouveaux établissements religieux, et principalement pour celui qu'il avait gouverné. (3) La dédicace s'en fit le 13 septembre de cette même année, en présence des mêmes princes et d'un concours de seigneurs, de barons et d'évêques aussi grand que

(1) Lanfranci Opera, Vita sancti Lanfranci, c. 9. — Michelet, Hist. de France, t. ij, p. 200 et 207, 208 et 331, 332 et 338, 339.

(2) Ordericus Vitalis, Hist. ecclesiasticæ, l. iv ; Duchesne, Hist. Norm. Script. ant., p. 520. — Pommeraye, Hist. des archevêques de Rouen, p. 278. — Huet, Origines de Caen, p. 238, 239. — De la Rue, Essais hist. sur la ville de Caen, t ij, p. 53 et 183. — Visite au collége royal de Caen, p. 5.

(3) Ordericus Vitalis, Hist. ecclesiasticæ, l. v ; Duchesne, Hist. Norm. Script. ant., p. 548. — Depping, Hist. de la Normandie, t. i, p. 103.

celui qui avait assisté à la dédicace du monastère des femmes. (1) Les dons et les faveurs lui furent prodigués avec autant de profusion qu'à ce dernier; comme lui il obtint du duc la permission d'établir une foire de trois jours, sous des conditions à peu près semblables; comme lui il obtint des seigneuries en Angleterre, situées au comté de *Devon*, de *Dorset*, de *Sommerset*, de *Wilts* et d'*Essex*; la propriété de cinq villages lui fut abandonnée dans son entière étendue, avec tous leurs cours d'eau, tous leurs moulins, tous leurs pâturages, tous leurs bois et tous les hommes qui n'y occupaient point de terres franches : ces hommes devaient servir exclusivement les moines, et n'obéir à aucune sommation de service militaire, autre que celle que le roi ferait à l'abbé, et dans laquelle ils seraient nominativement appelés sous les bannières du roi; encore ce droit du prince ne devait-il être exercé que dans les circonstances critiques, telles que l'invasion étrangère, et ne pouvait-il être étendu au-delà des limites du territoire normand. (2) La

---

(1) Ordericus Vitalis, Hist. ecclesiasticæ, l. v ; Duchesne, Hist. Norm. Script. ant., p. 548. — Neustria pia, p. 624 et suiv. — Gallia christiana, t. xi , Instrumenta Ecclesiæ bajocensis, col. 66. — Huet, Origines de Caen, p. 238. — De la Rue, Essais hist. sur la ville de Caen, t. ij, p. 53 et 180. — Visite au collége royal de Caen, p. 5. — Depping, Hist. de la Normandie, t. i, p. 103.

(2) Neustria pia, p. 629. — Gallia christiana, t. xi, Instrumenta ecclesiæ bajocensis, col. 66. — Depping, Hist. de la Normandie, t. i, p. 107.

suzeraineté du Bourg-l'Abbé fut jointe par Guillaume à ses autres bienfaits, qu'il augmenta de plus de la cession d'un cellier à *Rouen*, de moulins sur l'*Andelle*, de diverses terres en labour ou en bois à *Bretteville*, à *Bras*, à *Bény*, à *Grainville*, à *Barfleur*, à *Maupertuis*, à *Torteval*, à *Villers* et dans beaucoup d'autres localités, et de la donation du lit du vieil Odon depuis *Venoix* jusqu'à son embouchure dans l'Orne (1), afin de faire arriver sans peine par des bateaux consacrés à cet usage, jusques dans un bassin creusé dans les jardins de l'abbaye, les provisions des religieux et les marchandises des vassaux de leur bourg. (2)

Comme dans la première occasion, les courtisans rivalisèrent de zèle et de dévotion pour suivre l'exemple de leur roi et enrichir la nouvelle communauté. Roger de Montgommery et le comte de Mortain, son gendre, lui donnèrent la forêt d'*Auge*, le bourg de *Trun* et le village de *Hauteville*; *Richard*, fils de *Turstein*, vicomte d'Avranches, *Ranulphe*, vicomte de Bayeux, *Eudes*, *Robert de Moubray*, *Ingelrand* et *Agnès*, sa femme, le ca-

---

(1) Neustria pia, p. 628. — Gallia christiana, t. xi, Instrumenta Ecclesiæ bajocensis, col. 68. — Huet, Origines de Caen, c. iv. — De la Rue, Essais hist. sur la ville de Caen, t. ij, p. 55. — Depping, Hist. de la Normandie, t. 1, p. 108.

(2) Huet, Origines de Caen, c. 4. — De la Rue, Essais hist. sur la ville de Caen, t. ij, p 55.

mérier *Raynard*, *Hugues* de *Rosel*, *Serlon* de *Lingèvres* et différents autres personnages illustres la substituèrent dans leurs droits sur les terres de *Rouen*, de *Rongeville*, de *Bretteville-l'Orgueilleuse*, d'*Aulnay*, de *Beuzeval*, de *Grainville*, etc., (1) quelques-uns pourtant, à des conditions que l'on trouve stipulées assez fréquemment dans les chartes qui subsistent encore à celles, par exemple, d'admettre le donateur dans le couvent, lorsqu'il voudrait prendre l'habit religieux.—C'était, en effet, un usage généralement suivi par les chevaliers, après s'être livrés à tous les désordres de la vie licencieuse des camps, de revêtir la robe monacale, quelques jours, et parfois quelques heures seulement avant de mourir, croyant racheter, par cette renonciation aux choses de la terre, à cet instant où elles allaient leur être enlevées sans retour, leur ame souillée, coupable souvent des crimes les plus grands. (2)

Toutefois, malgré l'émulation empressée des

---

(1) Neustria pia, p. 637, 638. — Gallia christiana, Instrumenta Ecclesiæ bajocensis, col. 71 et suiv. — De la Rue, Essais hist. sur la ville de Caen, t. ij, p. 65 et suiv. — Depping, Hist. de la Normandie, t. 1, p. 108.

(2) Ordericus Vitalis, Historiæ ecclesiasticæ, passim ; Duchesne, Hist. Norm., Script. ant. — Neustria pia, p. 637, 638. — Gallia christiana, Instrumenta Ecclesiæ bajocensis, col. 73 et suiv. — De la Rue, Essais hist. sur la ville de Caen, t. ij, p. 90. — Depping, Hist. de la Normandie, t. i, p. 108, 109.

barons de la cour du conquérant, lorsqu'il s'agit de livrer leurs biens aux deux abbayes, on a tout lieu de se défier de la sincérité de leurs sentiments généreux; on peut même penser qu'ils étaient un peu contraints, et qu'ils se repentirent plus tard; car, après la mort de leur souverain, ils reprirent par la violence une partie de ces biens concédés avec tant de facilité, et la résistance que leur opposèrent les abbés de Caen ne servit qu'à faire dévaster impitoyablement par eux les domaines que ceux-ci refusaient de rendre. (1)

Quoi qu'il en soit de la libéralité de ces donations, avoir comblé de richesses l'abbaye érigée en l'honneur du premier martyr ne suffisait point, il fallait encore la faire vénérer des fidèles, et cette vénération ne pouvait s'acquérir autrement que par des reliques ou par des antécédents miraculeux, tels que ceux qui avaient eu lieu au moment des fondations des monastères du Bec et du Mont-Saint-Michel. Or, aucun évènement de ce genre n'était advenu; le motif qui avait fait élever St-Etienne, n'avait rien de surnaturel; on n'avait d'autre but que celui de remplir les obligations contractées envers l'église, ou plutôt envers le

---

(1) Chartularium, Sanctæ-Trinitatis Cadomi, Bibliotheca regis, n° 5650. — De la Rue, Essais hist. sur la ville de Caen, t. ij, p. 44 et suiv.

pape, à l'occasion très-profane d'un mariage illicite. On demanda donc à Besançon, où l'*humerus* et l'*avant-bras* de saint Etienne étaient conservés, un de ces précieux ossements que l'on obtint, ainsi que des cheveux et du sang du martyr, et même une des pierres qui avaient servi à son supplice, et on fit venir, en grande pompe, de Constantinople, la tête du même saint que la femme de Théodose le jeune y avait apportée de Jérusalem en 439. (¹)

Enfin, après avoir pris toutes ces précautions indispensables à la splendeur future du nouveau couvent, monument d'expiation ordonné par le pontife romain, les moines, tous disciples de Lanfranc ou membres des plus nobles familles normandes, y furent installés. Leur premier abbé les avait soumis à la règle de saint Benoît, de toutes les règles la moins austère et la plus conforme à l'esprit du christianisme d'Occident, à cet esprit qui repoussant les macérations et la contemplation oisive, exigeant uniquement le travail du corps et l'étude, n'acceptait rien au-dessus des forces de l'homme. (²)

(1) Baillet, Vie des Saints, t. ij, 3 août. — Mathieu de la Dangie de Renchy, l'Asyle salutaire touchant les reliques des saints, p. 141 et suiv. — Blanchard, Abrégé chronologique de l'histoire de l'abbaye de Saint-Etienne de Caen, p. 15, 16; Manuscrit de la bibliothèque de M. Mérite-Lonchamp. — De la Rue, Essais hist. sur la ville de Caen, t. ij, p. 59.

(2) Lanfranci Opera, Decreta pro ordine sancti Benedicti, præfatio, p. 253. — De la Rue, Essais hist. sur la ville de Caen, t. ij, p. 95. — Visite au collége royal de Caen, p. 18.

Les religieuses de l'abbaye de Sainte-Trinité suivaient également la règle de Saint Benoît. (¹)

1077. A cette époque, Guillaume n'avait pas encore atteint sa cinquantième année; il était dans toute la force de l'âge, et pourtant, soit que ses organes intellectuels eussent été affaiblis par une longue maladie qu'il fit après son couronnement, (²) soit plutôt que la mollesse et les plaisirs immodérés de la table auxquels il s'abandonnait, (³) achevant d'épuiser un cerveau déjà fatigué par une grande activité naturelle, eussent avancé le temps de la décadence morale, son caractère changea subitement; il perdit toute sa vigueur, et les petites choses seules eurent encore le pouvoir d'exciter son irritabilité; cessant de faire tourner à son profit, comme il l'avait fait jusqu'alors, les évènements politiques, les obstacles les plus faciles à éluder le virent, au contraire, céder fort souvent devant eux, et les causes même qui se présentaient avec l'apparence de la justice, et lui offraient des chances certaines de réussite, n'éveillèrent plus chez lui

---

(1) Annales ordinis sancti Benedicti, t. iv, p. 667. — De la Rue, Essais hist. sur la ville de Caen, t. ij, p. 19.

(2) Sismondi, Hist. des Français, t. iv, p. 446, 447.

(3) Script. Fr., t. xi, p. 188. — Wilhelmus Malmesburiensis, De Wilhelmo primo, l. iij; Rerum angl. Script., p. 109. — Sismondi, Hist. des Français, t. iv, p. 477.

son ancien amour des luttes et des guerres. Si parfois il fut forcé de combattre, la victoire ne l'accompagna plus, rien ne lui réussit; et, ce qui a lieu d'étonner, il ne s'en inquiéta pas. ([1]) Enfin, lui qui jamais n'avait pardonné l'offense la plus minime, il laissa ravager, sans en tirer vengeance, les villes frontières du Vexin par le moins redoutable de ses voisins, le roi de France, *Philippe I*er ([2]), et, plus tard, il ne recula pas devant la nécessité de donner sa fille à un vassal dont l'approche l'avait fait fuir, et d'acheter la paix à ce prix. Retiré dans un de ses palais, assez communément dans celui de Caen, il s'y livrait à toutes les jouissances d'un luxe effréné, y donnait des fêtes aux grands seigneurs de sa province, et y conviait les ambassadeurs des princes étrangers, satisfait d'une gloire qui devait lui procurer le titre de roi voluptueux et magnifique. ([3])

([1]) Ordericus Vitalis, Hist. ecclesiasticæ, l. iv ; Duchesne, Hist. Norm. Script. ant., p. 544. — Sismondi, Hist. des Français, t. iv, p. 440, 441.

([2]) Guillelmus Gemmeticus, l. vij, c. 44 ; Duchesne, Hist. Norm. Script. ant., p. 291. — Ordericus Vitalis, Hist. ecclesiasticæ, l. vij ; Duchesne, Hist. Norm. Script. ant., p. 554 et suiv.—Sismondi, Hist. des Français, t. iv, p. 441.—Depping, Hist. de la Normandie, t. i, p. 151.

([3]) Ordericus Vitalis, Hist. ecclesiasticæ, l. vij ; Duchesne, Hist. Norm. Script ant., p. 662. — Script. Fr. t xi, p. 188. — Wilhelmus Malmesburiensis, De Wilhelmo primo, l. iij, Rerum angl. Script., p. 109 — Dumoulin, Hist. générale de Normandie, p. 239. — De la Rue, Essais hist. sur la ville de Caen, t. ij, p. 306. — Marie-Dumesnil, Chronique neustrienne, p. 83. — Sismondi, Hist. des Français, t. iv, p. 477. — Michelet, Hist. de France, t. ij, p. 306.

Pour tirer le roi d'Angleterre de l'espèce d'apathie dans laquelle il s'endormait, il ne fallut rien moins que la rebellion de son fils aîné *Robert*, qui prit les armes contre lui, et entraîna dans son parti tous les jeunes seigneurs mécontents du despotisme du monarque. (1) Prodigue et débauché, Robert ne pouvait supporter la tutelle sous laquelle il était tenu ainsi que ses frères. Emporté vers les plaisirs grossiers, son besoin de les satisfaire eût absorbé des sommes énormes, (2) et cependant, à ses pressantes demandes d'argent, son père ne répondait que par des refus ironiques. (3) Outré d'une telle sévérité qu'il regardait comme injuste, il se décida à gagner par la force ce que ses prières n'avaient pu obtenir, et leva l'étendard de la révolte. De ce moment, Guillaume-le-Conquérant n'eut plus de repos. Son fils

---

(1) Ordericus Vitalis, Hist. ecclesiasticæ, l. v ; Duchesne, Hist. Norm. Script. ant., p. 569 et suiv. — Dumoulin, Hist. générale de Normandie, p. 222. — Goube, Hist. du duché de Normandie, t. i, p. 238. — Sismondi, Hist. des Français, t. iv, p. 446, 447. — Depping, Hist. de la Normandie, t. i, p. 100 et suiv. et 130, 134.

(2) Ordericus Vitalis, Hist. ecclesiasticæ, l. iv ; Duchesne, Hist. Norm. Script. ant., p. 545. — Dumoulin, Hist. générale de Normandie, p. 222. — Goube, Hist. du duché de Normandie, t. i, p. 244, 245. — Sismondi, Hist. des Français, t. iv, p. 447, 448. — Depping, Hist. de la Normandie, t. i, p. 129 et suiv.

(3) Ordericus Vitalis, Hist. ecclesiasticæ, l. iv ; Duchesne, Hist. Norm. Script. ant., p. 545. — Sismondi, Hist. des Français, t. iv, p. 446.

lui suscita sans cesse de nouvelles affaires, et ameuta contre lui de nouveaux ennemis. (¹)

Robert refugié d'abord en Flandre, passa depuis en Lorraine et de là en Allemagne, ensuite revint en Aquitaine et en Gascogne, recueillant partout des secours et des presents, mais les dissipant aussitôt avec des histrions, des parasites et des courtisanes. Chacune de ces cours le voyait sortir aussi pauvre qu'il y était entré, n'ayant rien conservé de l'argent qui eût pu servir à le faire rentrer dans sa patrie. (²) Ce ne fut qu'en France que l'accueil qu'il reçut fut assez favorable pour qu'il pût par lui-même faire quelques tentatives. Ayant reçu en apanage du roi Philippe le château de Gerberoy dans le Beauvoisis, il en fit un quartier-général pour ses partisans, qui accoururent de tous les coins de la Normandie, et de là faisant sans cesse irruption sur les terres du duché, ne cessèrent de harceler les sujets de leur souverain, par une guerre d'escarmouches qu'ils continuèrent jusqu'à l'instant où la mort de son père mit Robert en possession de son héritage. (³)

(1) Ordericus Vitalis, Hist. ecclesiasticæ, l. iv ; Duchesne, Hist. Norm. Script. ant., p. 545.
(2) Ordericus Vitalis, Hist. ecclesiasticæ, l. v ; Duchesne, Hist. Norm. Script. ant., p. 570, 571. — Sismondi, Hist. des Français, t. iv, p. 449. — Depping, Hist. de la Normandie, t. i, p. 129.
(3) Ordericus Vitalis, Hist. ecclesiasticæ, l. v ; Duchesne, Hist.

De 1077 à 1087, des malheurs vinrent seuls faire diversion à ces querelles intestines. Une peste terrible dont les ravages commencèrent en 1082, dépeupla la Normandie. Ce fléau n'épargna personne : le peuple et les grands, les villes et les bourgades ressentirent également son influence.(1) Peut-être doit-on attribuer à cette effroyable maladie la mort de la reine Mathilde, arrivée l'année suivante; peut-être aussi ses jours furent-ils abrégés par le chagrin que lui causa la conduite déloyale de son fils aîné pour lequel elle avait toujours marqué une prédilection si aveugle que dans les dernières années de son union avec le conquérant, elle jeta parfois la mésintelligence entre les deux époux. (2)

Le duc, que la crainte de la contagion retenait en Angleterre, (3) se hâta, à la nouvelle de la maladie de la princesse sa femme, de passer la mer et de venir à Rouen (4) où il arriva à temps seule-

---

Norm. Script. ant., p. 572. — Sismondi, Hist. des Français, t. iv, p. 449, 450. — Depping, Hist. de la Normandie, t. i, p. 431.

(1) Dumoulin, Hist. générale de Normandie, p. 226.

(2) Ordericus Vitalis, Hist. ecclesiasticæ ,l. v ; Duchesne, Hist. Norm. Script. ant., p. 570, 571. — Dumoulin, Hist. générale de Normandie, p. 227. — Sismondi, Hist. des Français, t. iv, p. 449. — Depping, Hist. de la Normandie, t. i, p. 129, 130.

(3) Dumoulin, Hist. générale de Normandie, p. 226.

(4) Dumoulin, Hist. générale de Normandie, p. 226 — Prévost, Hist. de Guillaume le-Conquérant, éd. in-8°, p. 406.

ment pour entendre ses dernières volontés et recevoir son dernier soupir. Suivant l'usage, elle devait être enterrée dans l'abbaye qu'elle avait fondée. Ce désir avait aussi été exprimé par elle à son lit de mort, et Guillaume s'empressa d'y obtempérer en la faisant immédiatement transporter à Caen, dans son couvent de Sainte-Trinité. (1)

Tous les prélats et tous les abbés de la Normandie, assistés des moines et des clercs, suivirent le convoi et furent présents à ces obsèques qui, célébrées avec tout l'éclat et toute la pompe exigés dans une circonstance aussi solennelle que celle des funérailles de la reine d'Angleterre, duchesse de Normandie, (2) avaient attiré une innombrable foule de peuple qui pleurait et se lamentait; (3) car Mathilde avait été bonne pour lui : souvent son cœur l'avait portée à se mettre entre les opprimés et la sévérité du conquérant, (4) et les regrets, à présent qu'elle n'existait plus, éclataient en sanglots auprès de son cercueil.

(1) Ordericus Vitalis, Hist. ecclesiasticæ, l. vij ; Duchesne, Hist. Norm. Script. ant., p. 648. — Goube, Hist. du duché de Norm., t. i, p. 243.

(2) Ordericus Vitalis, Hist. ecclesiasticæ, l. vij ; Duchesne, Hist. Norm. Script. ant., p. 648. — Goube, Hist. du duché de Normandie, t. i, p. 243. — Lafrenaye, Nouvelle Hist. de Normandie, p. 363.

(3) Ordericus Vitalis, Hist. ecclesiasticæ, l. vij ; Duchesne, Hist. Norm. Script. ant., p. 648. — Dumoulin, Hist. générale de Normandie, p. 226. — Goube, Hist. du duché de Normandie, t. i, p. 243. — Lafrenaye, Nouvelle Hist. de Normandie, p. 363.

(4) Dumoulin, Hist. générale de Normandie, p. 226. — Goube, Hist.

Le corps fut déposé entre le chœur et le maître-autel, (1) et par la suite on éleva sur la place qu'il occupait un magnifique tombeau en marbre orné de métaux précieux et de pierreries, (2) et offrant l'image de l'épouse du conquérant, avec l'épitaphe suivante écrite en lettres d'or : (3) *

EGREGIE *a* PULCHRI TEGIT HEC STRUCTURA SEPULCHRI :
MORIBUS INSIGNEM GERMEN REGALE MATHILDEM
DUX FLANDRITA PATER HUIC EXTITIT ADALA MATER :
FRANCOR *b* GENTIS ROBERTI FILIA REGIS

---

du duché de Normandie, t. i, p. 243. — Depping, Hist. de la Normandie, t. i, p. 138.

(1) Ordericus Vitalis, Hist. ecclesiasticæ, l. vij ; Duchesne, Hist Norm. Script. ant., p. 648. — Ducarel, Anglo-Norman antiquities, p. 62. — Depping, Hist. de la Normandie, t. i, p. 138.

(2) Ordericus Vitalis, Hist. ecclesiasticæ , l. vij ; Duchesne , Hist. Norm. Script. ant., p. 648. — Dumoulin , Hist. générale de Normandie, p. 226.

(3) Ordericus Vitalis, Hist. ecclesiasticæ, l. vij ; Duchesne , Hist. Norm. Script. ant. , p. 648. — De Bras , Recherches et Antiquitez de la ville de Caen , éd. 1588, p. 474. — Ducarel, Anglo-Norman antiquities, p. 62. — Goube, Hist. du duché de Normandie, p. 243, 244. — Lafrenaye, Nouvelle Hist. de Normandie, p. 363. — Journal du Calvados, 21 mars 1819 , n° 23. — Jolimont, Descriptions historiques du département du Calvados, p. 16.

* Nous donnons ici la première épitaphe de la reine Mathilde, d'après la copie exacte qui en fut faite en 1820, cependant comme les auteurs qui l'avaient citée avant nous l'avaient fait avec quelques variantes, nous croyons devoir les consigner en note :

a VARIANTE , *Egregiam.*

b VAR., *Francorum.*

ET SOROR HENRICI REGALI SEDE*c* POTITI:
REGI MAGNIFICO WILLELMO JUNCTA MARITO :
PRESENTEM SEDEM PRESENTEM *d* FECIT ET EDEM
TAM MULTIS TERRIS QUAM MULTIS REBUS HONESTIS
A SE DITATAM SE PROCURANTE DICATAM
HEC CONSOLATRIX INOPUM PIETATIS AMATRIX
GAZIS DISPERSIS PAUPER SIBI DIVES EGENIS
SIC*e* INFINITE PETIIT CONSORTIA VITE
IN PRIMA MENSIS POST PRIMAM LUCE NOVEMBRIS.

« Sous ce magnifique tombeau repose Mathilde
» dont la vie prouva qu'elle était un illustre reje-
» ton de nos rois. Elle eut pour père le duc de
» Flandre; pour mère Adèle, fille du roi Robert
» et sœur du roi Henri; son mari fut le noble roi
» Guillaume. Elle fit bâtir ce temple, sa dernière
» demeure ; après l'avoir enrichi par de grandes
» possessions, et lui avoir abondamment fourni
» toutes les choses nécessaires, elle en fit célébrer
» la dédicace. Elle aima la piété, elle consola les
» pauvres, et, pauvre pour elle-même, elle ne se
» trouva riche que pour distribuer ses trésors aux
» indigents. C'est par cette conduite que le 1er no-
» vembre, après six heures du matin, elle alla
» jouir de la vie éternelle. » (1)

c Var , *Æde.*
d Var., *Recenter.*
e Var., *Hic.*
(1) De la Rue, Traduction autographiée, Bibliothèque de Caen.

L'historien de Bourgueville la traduisit ainsi en vers français, en 1588 : (¹)

> Ce somptueux tombeau couure Matilde royne,
>> Fille au conte de Flandres, et d'Alison de France.
>> Fille au bon roy Robert, Iointe par alliance
>> Au roy Guillaume, duc des Normands et du Maine.
>
> Du roy Henry fut sœur, puis print soigneuse peine
>> A bastir ce beau temple, y donnant grand'finance,
>> Fiefs, Iardins et manoirs, terres en abondance,
>> Tous ces biens elle fist de dévotion pleine.
>
> Les poures consoloit, aimoit religion,
>> Distribuoit ses biens auec déuotion.
>> Aux nécessiteux riche, et poure quant à elle.
>
> Ainsi vsa sa vie en dame de vertu,
>> Le second de nouembre, ayant tant combattu,
>> Qu'à Dieu rend son esprit en triomphe éternelle.
>>> 1088.

Le fanatisme religieux qui en 1562 avait armé les calvinistes contre les autels et les tombeaux des églises, les porta à insulter les restes de Mathilde jusques dans l'asyle où ils reposaient depuis tant d'années. Sans égard aux larmes et aux priè-

---

(1) De Bras, Recherches et Antiquitez de la ville de Caen, p. 175. — Lafrenaye, Nouvelle Hist. de Normandie, p. 364. — Jolimont, Description historique du département du Calvados, p. 47.

res des religieuses, (1) ils renversèrent ce monument, pillèrent les richesses qu'il contenait, et en dispersèrent les ossements après avoir brisé la statue qui s'élevait au-dessus. Ce fut seulement dans les commencements du siècle suivant que ces ossements furent rassemblés, qu'on y mit de nouveau ce qu'on put retrouver du squelette, et qu'on le reconstruisit sinon aussi remarquable qu'autrefois; au moins digne des dépouilles mortelles qu'il recouvrait. (2)

Ce tombeau était élevé au-dessus du sol d'un peu plus de trois pieds, sa longueur était de trois pieds et demi, et sa largeur de deux pieds neuf pouces; il se composait de quatre pierres latérales jointes ensemble qui formaient les quatre côtés, et étaient posées sur le pavé de l'église. Le dessus du tombeau était une pierre de marbre noir, dont nous venons de citer l'épitaphe, qui avait échappé aux fureurs des réligionnaires, et qu'on garnit de pointes en fer propres à recevoir des cierges. (3)

---

(1) De Bras, Recherches et Antiquitez de la ville de Caen, p. 174. — Ducarel, Anglo-Norman antiquities, p. 65.

(2) Ducarel, Anglo-Norman antiquities, p. 65. — De la Rue, Essais hist. sur la ville de Caen, t. ij, p. 41, 42. — Journal du département du Calvados, 21 mars 1819, n° 23. — Jolimont, Description historique du département du Calvados, p. 15, 16, 17. — Lange, Ephémérides normandes, p. 292.

(3) Journal du département du Calvados, 21 mars 1819, n° 23.

En même temps, on grava en deux parties sur le monument cette inscription indiquant la date de sa réédification. (1)

Sur la pierre latérale du côté méridional :

REGINÆ MATHILDIS PRETIOSOS CINERES
QUI A FURORE HERETICORUM
SERVATI SUNT LINTEO PIE INVOLUTOS
CAPSULA PLUMBEA INCLUSIT ET HONORIS
CAUSA TUMULUM HUNC HUMO ADEQUATUM
NON QUIDEM REGIO APPARATU SED
MEMORI ET DIGNO UT POTUIT CULTU

Sur la pierre latérale du côté septentrional,

SUPER HIS EREXIT
ORNAVITQUE ILLUSTRISSIMA ET RELIGIOSISSIMA
DOMINA GABRIELA FRANCISCA DE FROULLAY
DE TESSE HUJUSCE MONASTERII ABBATISA
CUJUS PIETATE TAM NOBILE MAGNIFICUM
ALTARE FUIT CHRISTO NASCENTI
CONSECRATUM UNO EODEMQUE ANNO

M DCC VII.

« Les précieuses cendres de la reine Mathilde » qui avaient été sauvées de la fureur des héréti-

---

(1) Ducarel, Anglo-Norman antiquities, p. 66. — Journal du département du Calvados, 21 mars 1819, n° 23. — Jolimont, Description historique du département du Calvados, p. 17.

» ques, enveloppées picusement d'un linceuil ;
» furent renfermées dans un cercueil de plomb,
» et, pour les honorer, ce tombeau, dont les
» traces avaient été effacées, fut relevé et or-
» né, non pas avec un appareil royal, mais, au-
» tant que cela fut possible, pour en conserver
» dignement le culte et la mémoire, par très-il-
» lustre et très-religieuse dame Gabrielle-Fran-
» çoise de Froullay de Tessé, abbesse de ce mo-
» nastère, dont la piété éleva un noble et magni-
» fique autel, consacré au Christ naissant, dans
» la même année 1707. »

A l'extrémité occidentale étaient les armes du duché de Normandie, dont l'écusson était surmonté de la couronne ducale. (1)

La pierre du côté de l'Orient, en face le sanctuaire, était entièrement nue. (2)

Détruit une seconde fois en 1793, le tombeau de la duchesse-reine fut relevé, après la révolution, par le préfet du département du Calvados, M. de Montlivault, (3) et, pour perpétuer le souvenir de

---

(1) De la Rue, Essais hist. sur la ville de Caen, t. ij, p. 42. — Journal du département du Calvados, 21 mars 1819, n° 23. — Léchaudé d'Anisy, Notes de la traduction des Antiquités anglo-normandes de Ducarel, p. 118. — Lange, Ephémérides normandes, p. 292.

(2) Journal du département du Calvados, 21 mars 1819, n° 23.

(3) De la Rue, Essais hist. sur la ville de Caen, t. ij, p. 42. — Journal du département du Calvados, 21 mars 1819, n° 23. — Léchaudé d'Anisy, Notes de la traduction des Antiquités anglo-normandes de Ducarel,

cette deuxième restauration, on écrivit cette quatrième légende sur le côté qui n'en avait point encore porté : (1)

Ce tombeav renfermant les dépovilles mortelles
De l'illvstre fondatrice de cette abbaye
Renversé pendant les discordes civiles
Et déplacé depvis vne longve série d'années
A été restavré conformément av vœv des
Amis de la religion de l'antiqvité et des arts

M DCCC XIX

Par ordre
de Casimir comte de Montlivault conseiller d'état préfet
et les soins
de Lechavdé d'Anisy [a] directeur et Harou Romain architecte.

La duchesse voulant laisser au monastère, qui lui devait tant déjà, un souvenir de ses bon-

---

p. 116, 117, 118. — Jolimont, Description hist. du département du Calvados, p. 15, 16, 17, 18. — Lange, Ephémérides normandes, p. 292, 293.

(1) Journal du département du Calvados, 21 mars 1819, n° 23. — Léchaudé d'Anisy, Notes de la traduction des Antiquités anglo-normandes de Ducarel, p. 118. — Jolimont, Description historique du département du Calvados, p. 18.

[a] M. Léchaudé d'Anisy, traducteur des *Antiquités anglo-normandes* de Ducarel et auteur de plusieurs autres ouvrages sur les antiquités normandes, était alors directeur du dépôt de mendicité établi dans l'abbaye de Sainte-Trinité.

tés, lui avait légué, avant d'expirer, un village dans le Cottentin, et lui avait fait présent de ses ornements royaux, de sa couronne, de son sceptre, de vases, de coupes et de calices avec leurs étuis, de candélabres et d'autres objets précieux, tels que ceux qui servaient à l'ameublement de sa maison et à l'équipement de son cheval. (¹)

Cette excellente princesse fut généralement pleurée : douce, charitable et pieuse, les couvents avaient souvent éprouvé les effets de sa générosité ; les pauvres l'avaient bénie, et la bonne intelligence que sa conduite sage et prudente avait presque toujours su maintenir entre elle et son époux et qui n'avait été obscurcie, quelques instants, que par l'excès de son amour maternel, la fit amèrement regretter du roi. Sa mort parut emporter le peu de satisfaction dont il avait joui dans les derniers temps, et les tribulations s'accumulèrent sur lui dans le court espace de quatre années qu'il lui survécut. (²)

D'abord, les Manceaux qui, depuis long-temps, 1084.

---

(1) Chartularium Sanctæ-Trinitatis Cadomi, Bibliotheca regis, n° 5650. — De la Rue, Essais hist. sur la ville de Caen, t. ij, p. 7 et 437, 438. — Jolimont, Description hist. du département du Calvados, p. 19, 20.

(2) Ordericus Vitalis, Hist. ecclesiasticæ, l. vij ; Duchesne, Hist. norm. Script. ant., p. 648. — Dumoulin, Hist. générale de Normandie, p. 227, 228. — Goube, Hist. du duché de Normandie, t. i, p. 245 et suiv. — Lafrenaye, Nouvelle hist. de Normandie, p. 364. — Depping, Hist. de la Normandie, t. i, p. 138.

cherchaient à secouer le joug des Normands, encouragés par l'affaiblissement visible du despote, prirent les armes contre lui, et ayant défait ses troupes, lui arrachèrent des garanties qu'il leur avait sans cesse déniées à cause de leur esprit séditieux. (¹) Une invasion dont l'Angleterre était menacée par le Danemark, le rappela dans cette île, où les immenses préparatifs de défense qu'il fit, jetèrent de nouveau la désolation, la misère et la famine, et y firent maudire son nom déjà partout en exécration. (²) Enfin, comme s'il n'était pas encore accablé par assez de chagrins domestiques, il s'était vu forcé de sévir contre l'évêque de Bayeux, son frère utérin, qui, non content des honneurs et des richesses dont il avait été comblé, voulait encore fomenter des discordes civiles parmi les soldats de la conquête ; et, dès les commencements d'une campagne entreprise par lui contre le comte *Alain Fergant*, pour le refus de l'hommage de sa terre de Bretagne, il se laissa battre

1085.

---

(1) Ordericus Vitalis, Hist. ecclesiasticæ, l. vij ; Duchesne, Hist. Norm. Script. ant. p. 648.—Dumoulin, Hist. générale de Normandie, p. 230.— Sismondi, Hist. des Français, t. iv, p. 475.— Depping, Hist. de la Normandie, t. i. p. 138, 139, 140.

(2) Ordericus Vitalis, Hist. ecclesiasticæ, l. vij ; Duchesne, Hist. Norm Script. ant., p. 649, 650.— Lanfrancus, Opera, Epistolarum liber, p. 314. — Dumoulin, Hist générale de Normandie, p. 231. — Aug. Thierry, Hist. de la conquête de l'Angleterre par les Normands, t. ij, p. 147 et suiv.— Depping, Hist. de la Normandie, t. i, p. 143, 144.

complètement sous les murs de *Dol*, y perdit la meilleure partie de son bagage, estimé à plus de 15,000 livres sterling, valant chacune trois des livres sterling actuelles. Cet échec détermina Guillaume à conclure un traité de paix avec Alain, qui, de son ennemi, devint son gendre en épousant Constance, sa seconde fille. (¹) Les noces du comte breton et de la princesse normande furent célébrées l'année suivante, à Caen, avec toute la pompe qui convenait à un semblable mariage. (²)

1086.

Pendant ce temps, Robert et le roi de France continuaient leur guerre de pillages sur les confins du territoire de la province. Tous les jours leurs gens-d'armes passaient l'Eure, et étendaient leurs brigandages dans tout le diocèse d'Evreux. (³) Irrité par ces déprédations, qu'il avait

---

(1) Ordericus Vitalis, Hist. ecclesiasticæ, l. vij ; Duchesne, Hist. Norm. Script. ant. p. 544.—Dumoulin, Hist. générale de Normandie, p. 209. — Lobineau, Hist. de Bretagne, t. i, p. 81 et 987. — L'art de vérifier les dates, éd. 1819, t. iv, p. 7. — Sismondi, Hist. des Français, t. iv, p. 475, 476. — Depping, Hist. de la Normandie, t. i, p. 142, 143.

(2) Ordericus Vitalis, Hist. ecclesiasticæ, l. vij ; Duchesne, Hist. Norm. Script. ant., p. 544.—Dumoulin, Hist. générale de Normandie, p. 220. — Lobineau, Hist. de Bretagne, t. i, p. 81. — L'art de vérifier les dates, éd. 1819, p. 7.

(3) Ordericus Vitalis, Hist. ecclesiasticæ, l. v ; Duchesne, Hist. Norm. Script. ant., p. 572. — Rogerius de Hoveden, Annalium pars prior, Wilhelmus senior, Rerum angl. Script., p. 457. — Goube, Hist.

supportées trop patiemment jusqu'alors, Guillaume résolut d'y mettre fin. Il fit demander à Philippe non-seulement de réprimer les hostilités, mais encore de lui rendre le comté de Vexin, sur lequel il avait des droits incontestables. Mais le roi fut loin de faire une réponse favorable à ses réclamations, et ne se bornant même pas à les repousser, il arriva jusqu'à se permettre sur lui d'inconvenantes plaisanteries. Le duc, plutôt que de se voir outragé ainsi, eût préféré perdre une province : aussi jura-t-il par son plus grand serment « Par la splendeur et la naissance de Dieu ! »

1087. qu'il s'en vengerait. Et il tint parole. Dans la dernière semaine de juillet, il entra par surprise dans Mantes, et mit cette ville à feu et à sang.(¹)

Malheureusement pour lui, c'était avec toute l'ardeur irréfléchie d'un jeune homme qu'il s'était livré à sa passion haineuse. Comme il ga-

---

du duché de Normandie, t. i, p. 239, 240. — Sismondi, Hist. des Français, t. iv, p. 449, 450. — Aug. Thierry, Hist. de la conquête de l'Angleterre, t. ij, p. 105, 106. — Lettres sur la ville de Rouen, p. 435. — Depping, Hist. de la Normandie, t. i, p. 130.

(1) Ordericus Vitalis, Hist. ecclesiasticæ, l. vij ; Duchesne, Hist. Norm. Script. ant., p. 655, 656. — Robert Wace, Roman de Rou, éd. Pluquet, t. ij, p. 290 et suiv. — Chronique de Normandie, éd. 1610, f. 119. — Sismondi, Hist. des Français, t. iv, p. 476 et suiv. — Aug. Thierry, Hist. de la conquête de l'Angleterre, t. ij, p. 176 et suiv. — Lettres sur la ville de Rouen, p. 435. — Depping, Hist. de la Normandie, t. i, p. 151, 152, 153.

lopait à travers les décombres de l'incendie, un mouvement de son cheval l'attira trop brusquement sur le pommeau de la selle, et la violence du choc fut telle qu'il se blessa au ventre. L'agitation qu'il s'était donnée en courant et en criant, unie à la chaleur de la saison, aggrava son mal. (1) Transporté malade à Rouen, il y languit durant six semaines. Mais, pendant ce court espace de temps, son ame reprit toute sa vigueur et toute son énergie primitives. (2) Au surplus, comme la plupart des grands de son époque, le souvenir de ses fautes vint l'assaillir de remords, et il crut tranquilliser sa conscience en réparant une partie des maux qu'il avait causés. Quant aux injustices dont la réparation lui était devenue impossible, il pensa en faire pénitence et racheter les crimes de sa tyrannie, en assignant, dans son testament, des dons et d'abon-

---

(1) Ordericus Vitalis, Hist. ecclesiasticæ, l. vij; Duchesne, Hist. Norm. Script. ant., p. 656 — Rogerius de Hoveden, Annalium pars prior, Wilhelmus senior, Rerum angl Script., p. 460. — Anglia Sacra, t. i, p. 262. — Robert Wace, Roman de Rou, éd. Pluquet, t. ij, p. 292. — Chronique de Normandie, éd. 1610, f. 119, 120. — Sismondi, Hist. des Français, t. iv, p. 477. — Aug. Thierry, Hist. de la conquête de l'Angleterre, t. ij, p. 177 et suiv. — Lettres sur la ville de Rouen, p. 435, 436. — Depping, Hist. de la Normandie, t. i, p. 153.

(2) Ordericus Vitalis, Hist. ecclesiasticæ, l. vij; Duchesne, Hist. Norm. Script. ant., p. 656. — Goube, Hist. de Normandie, t. i, p. 252, 253. — Sismondi, Hist. des Français, t. iv, f. 477, 478, — et les autres déjà cités.

dantes aumônes aux couvents, aux églises et aux prêtres. (1) C'est par suite de ces legs pieux que le monastère de Saint-Etienne devint possesseur de son sceptre, de sa couronne, de sa main de justice, d'un calice en pierres précieuses, de chandelliers d'or, de tous ses ornements royaux et de la terre de Vains en Cottentin. (2)

Guillaume mourut le 9 septembre 1087, au lever du soleil, en se recommandant à la Sainte Vierge. (3) Des soixante ans qu'il avait alors, il en avait régné cinquante-deux sur la Normandie et vingt sur l'Angleterre.

Triste exemple des dangers qui menacent un pays, quand le gouvernement est l'œuvre d'un

---

(1) Ordericus Vitalis, Hist. ecclesiasticæ, l. vij ; Duchesne, Hist. Norm. Script. ant., p. 656. — Anglia Sacra, t. i, p. 262. — Dumoulin, Hist. générale de Normandie, p. 234. — Goube, Hist. du duché de Normandie, p. 253. — Aug. Thierry, Hist. de la conquête de l'Angleterre, t. ij, p. 178. — Depping, Hist. de la Normandie, t. i, p. 155.

(2) Dumoulin, Hist. générale de Normandie, p. 235. — Delaruc, Essais hist. sur la ville de Caen, t. ij, p. 56.

(3) Ordericus Vitalis, Hist. ecclesiasticæ, l. vij ; Duchesne, Hist. Norm. Script. ant., p. 660. — Robert Wace, Roman de Rou, éd. Pluquet, t. ij, p. 298. — Chronique de Normandie, éd. 1610, f. 121. — Dumoulin, Hist. générale de Normandie, p. 236. — Blanchard, Abrégé chronologique de l'Abbaye de St-Etienne de Caen, p. 20, 21 ; Manuscrit de la bibl. de M. Mérite-Longchamp.— L'Art de vérifier les dates, t. iv, éd. 1819, p. 7. — Sismondi, Hist. des Français, t. iv, p. 478, 479. — Aug. Thierry, Hist. de la conquête de l'Angleterre, t. ij, p. 180. — Depping, Hist. de la Normandie, t. i, p. 160.

seul ! Guillaume n'eut pas plus tôt fermé les yeux qu'il fut abandonné. Ses fils, au lieu d'être restés auprès de son lit de douleur, étaient allés recueillir à l'avance leur héritage. Tous les seigneurs de la cour présumant que cet évènement funeste serait suivi de troubles, se hâtèrent de monter à cheval, et, emmenant à leur suite leurs femmes et leurs enfants, se retirèrent au plus vite dans leurs châteaux. Les domestiques et les autres inférieurs, demeurés seuls auprès du cadavre, enlevèrent les armes, les vases, les vêtements, le linge et tout le mobilier, et s'enfuirent également, laissant le corps de leur maître nu sur le plancher. La maison resta ainsi pendant deux heures complètement déserte. L'alarme s'était bientôt répandue dans Rouen, et les habitants, dans l'attente immédiate du pillage, aussi troublés que s'ils eussent vu une armée ennemie devant les portes de leur ville, transportaient, cachaient tous leurs meubles, ou cherchaient à les vendre à perte. (1)

(1) Ordericus Vitalis, Hist. ecclesiasticæ, l. vij ; Duchesne, Hist. Norm. Script. ant., p. 664. — Robert Wace, Roman de Rou, éd. Pluquet, t. ij, p. 299, 300. — Chronique de Normandie, éd. 1610, f. 121. — Dumoulin, Hist. générale de Normandie, p. 236. — Blanchard, Abrégé chronologique de l'Hist. de l'Abbaye de St-Etienne de Caen, p. 21 ; Manuscrit de la bibl. de M. Mérite-Longchamp. — Sismondi, Hist. des Français, t iv, p. 480. — Lafrenaye, Nouvelle Hist. de Normandie, p. 373. — Aug. Thierry, Hist. de la conquête de l'An-

Enfin, l'archevêque de Rouen, revenu le premier de cette consternation générale, (¹) envoya le clergé de l'église cathédrale près du mort, et donna les ordres nécessaires pour la cérémonie funèbre. Il fut décidé qu'on l'enterrerait à Caen. (²) Un pauvre chevalier campagnard, nommé Herluin, le revêtit à ses frais des plus simples habits de deuil, et se chargea de le faire transporter sur une barque par la Seine et par la mer, jusqu'à la ville où il devait recevoir la sépulture. (³)

Le troisième abbé de Saint-Etienne, Gislebert, vint à la rencontre du convoi ; il était suivi d'une

gleterre, t. ij, p. 180, 181. — Lettres sur la ville de Rouen, p. 436. — Depping, Hist. de la Normandie, t. i, p. 161.

(1) Pommeraye, Hist. des archevêques de Rouen, p 284. — Hist. de la ville de Rouen, p. 436.

(2) Ordericus Vitalis, Hist. ecclesiasticæ, l. vij ; Duchesne, Hist. Norm. Script. ant., p. 664. — Dumoulin, Hist. générale de Normandie, p 236. — Pommeraye, Hist. des archevêques de Rouen, p. 284. — Blanchard, Abrégé chronologique de l'Hist. de l'Abbaye de St Etienne de Caen, p. 21 ; Manuscrit de la bibl. de M. Mérite-Longchamp. — Sismondi, Hist. des Français, t. iv, p. 480. — Aug. Thierry, Hist. de la conquête de l'Angleterre, t. ij, p. 181, 182. — Depping, Hist. de la Normandie, t. i, p. 162.

(3) Ordericus Vitalis, Hist. ecclesiasticæ, l. vij ; Duchesne, Hist. Norm. Script. ant., p. 661.—Dumoulin, Hist. générale de Normandie, p. 236, 237. — Pommeraye, Hist. des archevêques de Rouen, p. 287. — Blanchard, Abrégé chronologique de l'Hist. de l'Abbaye de St-Etienne de Caen, p.21; Manuscrit de la bibl. de M. Mérite-Longchamp— Lafrenaye, Nouvelle Hist. de Normandie, p. 373. — Sismondi, Hist. des Français, t. iv, p. 480. — Aug. Thierry, Hist. de la conquête de l'Angleterre, t. ij, p. 182. — Depping, Hist. de la Normandie, t. i, p. 162.

grande multitude de clercs et de laïcs qui conduisirent le cercueil à l'abbaye ; (¹) mais au moment d'y entrer, un incendie éclata tout-à-coup dans un des quartiers de la cité, s'étendit de maison en maison, et détruisit une grande partie de la ville intérieure. Les bourgeois et les clercs rompirent aussitôt le cortége, laissant les moines seuls pour continuer l'enterrement, et pour introduire le duc dans leur église. (²)

De nouveaux incidents devaient encore signaler l'inhumation.

Les religieux, par respect pour les prélats qui avaient accompagné les obsèques, leur abandonnant l'honneur d'achever la cérémonie, s'étaient

---

(1) Ordericus Vitalis , Hist. ecclesiasticæ , l. vij ; Duchesne , Hist. Norm. Script. ant. , p. 661. — Robert Wace , Roman de Rou , éd. Pluquet , t. ij , p. 301. — Dumoulin , Hist. générale de Normandie , p. 237 — Blanchard , Abrégé chronologique de l'Hist. de l'Abbaye de St-Etienne de Caen , p. 22 ; Manuscrit de la bibl. de M. Mérite-Longchamp, — Aug. Thierry , Hist. de la conquête de l'Angleterre , t. ij , p. 182. — Depping, Hist. de la Normandie , t. i , p. 162.

(2) Ordericus Vitalis , Hist. ecclesiasticæ , l. vij ; Duchesne , Hist. Norm. Script. ant. , p. 661. —Robert Wace , Roman de Rou, éd. Pluquet , t. ij , p. 301. — Chronique de Normandie , éd. 1610 , f. 121. — Dumoulin , Hist. générale de Normandie , p. 237. — Blanchard , Abrégé chronologique de l'Hist. de l'Abbaye de St-Etienne de Caen, p. 22 ; Manuscrit de la bibl. de M. Mérite-Longchamp. — Lafrenaye , Nouvelle Hist. de Normandie, p. 374. — Sismondi, Hist. des Français, t. iv , p. 480. — Aug. Thierry , Hist. de la conquête de l'Angleterre , t. ij , p. 182. — Depping, Hist. de la Normandie , t. i , p. 162.

contentés de déposer le corps entre le chœur et l'autel, (1) et avaient attendu au lendemain (2) que les seigneurs, les évêques et les abbés de la province eussent fini par se rassembler une seconde fois. Parmi ces personnages illustres, outre les comtes et les barons, se distinguaient surtout par leurs dignités et leur savoir *Guillaume*, archevêque de Rouen et primat de Normandie, *Odon*, évêque de Bayeux, *Gislebert*, évêque d'Evreux, *Gislebert Maminot*, évêque de Lisieux, *Michel*, évêque d'Avranches, *Geoffroi*, évêque de Coutances, *Girard*, évêque de Séez, *Anselme*, abbé du Bec, *Guillaume de Rots*, abbé de Fécamp, *Gerbert*, abbé de Fontenelle, *Gontard*, abbé de Jumièges, *Mainier*, abbé d'Ouche, *Foulques*, abbé de St-Pierre-sur-Dive, *Durand*, abbé de Troarn, *Robert*, abbé de Séez, *Osbern*, abbé de Bernay, *Roger*, abbé du *Mont-Saint-Michel-en-*

---

(1) Ordericus Vitalis, Hist. ecclesiasticæ, l. vij ; Duchesne, Hist. Norm. Script. ant., p. 662. — Blanchard, Abrégé chronologique de l'Hist. de l'Abbaye de St-Etienne de Caen, p. 22 ; Manuscrit de la bibl. de M. Mérite-Longchamp. — Aug. Thierry, Hist. de la conquête de l'Angleterre par les Normands, t. ij, p. 183.

(2) Ordericus Vitalis, Hist. ecclesiasticæ, l. vij ; Duchesne, Hist. Norm. Script. ant., p. 664. — Robert Wace, Roman de Rou, éd. Pluquet, t. ij, p. 301. — Chronique de Normandie, éd. 1610, f. 121. — Dumoulin, Hist. générale de Normandie, p. 237. — Blanchard, Abrégé chronologique de l'Hist. de l'Abbaye de St-Etienne de Caen, p. 22 ; Manuscrit de la bibl. de M. Mérite-Longchamp.—Aug. Thierry, Hist. de la conquête de l'Angleterre par les Normands, t. ij, p. 183.

péril-de-mer, *Nicolas*, abbé de *St-Ouen-de-Rouen*, et *Gaulthier*, abbé du *Mont-de-la-Sainte-Trinité-de-Rouen*. (¹) Chacun d'eux, mu par des sentiments divers, était venu prier pour l'ame du *fameux baron*, (2) comme l'appelaient les historiens contemporains.

Une messe solennelle avait été dite, et ce qui restait du vainqueur des Saxons, déposé sur un brancard, allait bientôt être descendu dans la fosse qui lui avait été creusée au milieu du chœur ; (³) Gislebert, l'évêque d'Evreux, était monté en chaire pour faire le panégyrique du roi défunt ; il l'avait loué d'avoir vaillamment étendu la puissance normande, d'avoir élevé sa nation plus haut que n'avait fait aucun de ses prédécesseurs ; il avait vanté sa justice, son équité et la prudence avec laquelle il avait maintenu dans tous les états de

(1) Ordericus Vitalis , Hist. ecclesiasticæ , l. vij ; Duchesne , Hist. Norm. Script. ant. , p. 661 , 662. — Robert Wace, Roman de Rou, éd. Pluquet , t. ij , p. 300. — Chronique de Normandie , éd. 1610 , f. 121. — Dumoulin , Hist. générale de Normandie , p. 237. — Pommeraye, Hist. des archevêques de Rouen , p. 287. — Blanchard , Abrégé chronologique de l'Hist. de l'Abbaye de St-Etienne de Caen , p. 22 ; Manuscrit de la bibl. de M. Mérite-Longchamp. — Depping , Hist. de la Normandie , t. i , p. 463.

(2) Ordericus Vitalis , Hist. ecclesiasticæ , l. vij ; Duchesne, Hist. Norm. Script. ant., p. 662. — Aug. Thierry , Hist. de la conquête de l'Angleterre par les Normands, t. ij , p. 183.

(3) Ordericus Vitalis , Hist. ecclesiasticæ , l. vij ; Duchesne , Hist. Norm. Script. ant. , p. 662.

sa dépendance la paix et la sûreté individuelle des sujets ; il l'avait remercié pour le peuple, les clercs et principalement pour les moines de la protection de son épée ; et, en terminant sa harangue, il avait prononcé ces paroles : « Puisque dans » cette vie nul mortel ne peut vivre sans péché, » prions tous dans la charité de Dieu pour le » prince défunt, intercédons pour lui auprès du » Seigneur tout puissant, et s'il est ici un seul » homme qu'il ait offensé, je le supplie de lui » pardonner. » (1)

Alors un bourgeois de Caen, *Asselin* fils d'*Arthur*, encouragé sans doute par l'exhortation du prélat, se levant du milieu de la foule, s'avança jusque contre le cadavre, et étendant la main au-dessus, cria d'une voix retentissante « Haro ! » (2) — mot si puissant chez les Normands. — Puis se tournant vers l'assistance : « Ce terrain, » dit-il, est à moi, ce fut l'emplacement de la » maison de mon père. Cet homme pour lequel

---

(1) Ordericus Vitalis, Hist. ecclesiasticæ, l. vij ; Duchesne, Hist. Norm. Script. ant., p. 662. — Dumoulin, Hist générale de Normandie, p. 237. — Lafrenaye, Nouvelle Hist. de Normandie, p. 374.

(2) Paulus Emilius, De rebus gestis Francorum, l. ij, f. 70. — Dumoulin, Hist. générale de Normandie, p. 237. — Lafrenaye, Nouvelle Hist. de Normandie, p. 374. — Goube, Hist. du duché de Normandie, t. i, p. 261. — L'Art de vérifier les dates, éd. 1819, p. 7. — Lettres sur Rouen, p. 437.

» vous priez le lui ravit contre toute justice, et,
» dans l'abus de sa puissance, y fonda cette égli-
» se. Je le revendique comme mien ; au nom de
» Dieu, je m'oppose à ce que le corps du ravis-
» seur soit couvert de ma terre, et enseveli dans
» mon héritage. » (1)

Une réclamation formulée avec autant d'énergie remplit de surprise les évêques et les barons. Le service en fut interrompu. (2) Cependant les prétentions d'Asselin étaient justes, et tous les assistants confirmèrent la vérité de ce qu'il avait dit. Le clergé, pour faire cesser le scandale et les murmures qui se faisaient entendre dans les rangs éloignés de la foule, ne vit d'autre moyen que de composer avec le réclamant. On le fit approcher,

(1) Ordericus Vitalis, Hist. ecclesiasticæ, l. vij ; Duchesne, Hist. Norm. Script. ant., p. 662. — Robert Wace, Roman de Rou, éd. Pluquet, t. ij, p. 301, 302. — Pommeraye, Hist. des archevêques de Rouen, p. 287. — Blanchard, Abrégé chronologique de l'Hist. de l'Abbaye de St-Etienne de Caen, p. 22 ; Manuscrit de la bibl. de M. Mérite-Longchamp. — Sismondi, Hist. des Français, t. iv, p. 481. — Aug. Thierry, Hist. de la conquête de l'Angleterre par les Normands, t. ij, p. 183. — Depping, Hist. de la Normandie, t. i, p. 463.

(2) Robert Wace, Roman de Rou, éd. Pluquet, t. ij, p. 303. — Dumoulin, Hist. générale de Normandie, p. 237. — Masseville, Hist. de Normandie, t. i, p. 225. — Blanchard, Abrégé chronologique de l'Hist. de l'Abbaye de St-Etienne de Caen, p. 23 ; Manuscrit de la bibl. de M. Mérite-Longchamp. — Sismondi, Hist. des Français, t. iv, p. 281. — Lettres sur Rouen, p. 437. — Depping, Hist. de la Normandie, t. i, p. 464.

et loin de lui faire aucune violence et de lui re-. procher la témérité de son action, on l'appaisa par de douces paroles, et on lui donna sur-le-champ, pour le seul emplacement de la sépulture, soixante sous, produit d'une collecte faite immédiatement autour de la bière, (1) en lui promettant de lui payer un prix égal à la valeur du reste de la terre qu'il revendiquait, ou de compenser la perte de son héritage par l'abandon d'un autre terrain. (2) Et effectivement, on lui tint parole quelque temps après. (3)

(1) Ordericus Vitalis, Hist. ecclesiasticæ, l. vij ; Duchesne, Hist. Norm. Script. ant., p. 662. — Robert Wace, Roman de Rou, éd Pluquet, t. ij, p. 303. — Chronique de Normandie, éd 1610, f. 121.— Blanchard, Abrégé chronologique de l'Hist. de l'Abbaye de St-Etienne de Caen, p. 23 ; Manuscrit de la bibl. de M. Mérite-Longchamp. — Goube, Hist. du duché de Normandie, t. i, p. 261. — Lafrenaye, Nouvelle Hist. de Normandie, p. 375. — Sismondi, Hist. des Français, t. iv, p. 481. — Aug. Thierry, Hist. de la conquête de l'Angleterre par les Normands, t. ij, p. 184.— Depping, Hist. de la Normandie, t. i, p. 164.

(2) Ordericus Vitalis, Hist. ecclesiasticæ, l. vij ; Duchesne, Hist. Norm. Script. ant., p. 662.— Robert Wace, Roman de Rou, éd. Pluquet, t. ij, p. 304. — Blanchard, Abrégé chronologique de l'Hist. de l'Abbaye de Saint-Étienne de Caen, p. 23 ; Manuscrit de la bibl. de M. Mérite-Longchamp. — Goube, Hist. du duché de Normandie, t. i, p. 261, 262. — Sismondi, Hist. des Français, t. iv, p. 481. — Aug. Thierry, Hist. de la conquête de l'Angleterre par les Normands, t. ij, p. 184. — Depping, Hist. de la Normandie, t. i, p. 164.

(3) Ordericus Vitalis, Hist. ecclesiasticæ, l. vij ; Duchesne, Hist. Norm. Script. ant., p 662. — Goube, Hist. du duché de Normandie, t. i, p. 262.— Sismondi, Hist. des Français, t. iv, p. 481. — Depping, Hist. de la Normandie, t. i, p. 164.

Mais là ne s'arrêtèrent pas les humiliations réservées au cadavre de Guillaume. Nous avons dit que le prince n'avait point été déposé dans un cercueil. (1) Lorsqu'on voulut le descendre dans la fosse qui avait été bâtie en maçonnerie, elle se trouva trop étroite par la maladresse des ouvriers. On fut donc contraint de l'y faire entrer de force ; mais on lui donna un mouvement si violent que son ventre qui était fort gras creva. Vainement on brûla de l'encens, vainement on répandit d'autres parfums, tous les spectateurs et le peuple qui l'entouraient, ne pouvant plus tenir dans l'église, se dispersèrent avec dégoût, et les ministres mêmes de la cérémonie se dépêchèrent de terminer leurs fonctions et sortirent en désordre. (2)

« Ainsi, » dit, après avoir rapporté ces faits, Orderic Vital, le moine de St-Evroul, dont les livres pleins d'une poésie incomprise et ignorée, ne sont jamais feuilletés que par les savants à recherches arides, « ainsi un roi, na-

---

(1) Ordericus Vitalis, Hist. ecclesiasticæ, l. vij ; Duchesne, Hist. Norm. Script. ant., p. 662. — Aug. Thierry, Hist. de la conquête de l'Angleterre, t. ij, p. 184.

(2) Ordericus Vitalis, Hist. ecclesiasticæ, l. vij ; Duchesne, Hist. Norm. Script. ant., p. 662. — Dumoulin, Hist. générale de Normandie, p. 238. — Blanchard, Abrégé chronologique de l'Hist. de l'Abbaye de St-Etienne de Caen, p 23 ; Manuscrit de la bibl. de M. Mérite-Longchamp. — Aug. Thierry, Hist. de la conquête de l'Angleterre, t. ij, p. 184. — Depping, Hist. de la Normandie, t. i, p. 165.

» guère puissant et belliqueux, redoutable aux
» peuples nombreux de tant de provinces, fut
» laissé nu sur le pavé et abandonné de ceux-
» là même qui lui devaient la vie ou la nourri-
» ture. C'est avec la fortune des autres que ce-
» lui qui, jusqu'alors, avait joui d'une opulence
» si superflue, paya une bière et des garde-morts.
» Un monarque qui avait possédé tant de villes,
» tant de forts et tant de places, n'eut pas mê-
» me librement l'espace de terrain nécessaire à
» sa sépulture, et son ventre nourri de tant de
» délices, se déchira ignominieusement. O en-
» fants des hommes! ne mettez donc point vo-
» tre confiance dans la fausse puissance des prin-
» ces de la terre; réservez-la pour le Dieu puis-
» sant, véritable; que les richesses ne rejouis-
» sent pas votre cœur; car toute chair est comme
» l'herbe, toute gloire comme la fleur de l'her-
» be. L'herbe se dessèche, et sa fleur tombe. »
*Rex quondam potens et bellicosus, multisque po-
pulis per plures provincias metuendus, in areâ
jacuit nudus, et à suis, quos genuerat vel aluc-
rat, destitutus. Ære alieno in funebri cultu in-
diguit, ope gregarii pro sandapilâ et vespilioni-
bus conducendis eguit, qui tot hactenùs et super-
fluis opibus nimis abundavit.... Liberoque solo,
qui tot urbibus et oppidis et vicis principatus est,
caruit ad sepulturam. Arvina ventris ejus tot de-*

lectamentis enutrita cum dedecore patuit.... Nolite ergo confidere in principibus falsis, ô filii ho-
minum, sed in Deo vivo et vero.... Nolite sperare
in iniquitate, et rapinas nolite concupiscere. Di-
vitiæ si affluant, nolite cor apponere. Omnis enim
caro ut fœnum, et omnis gloria ejus ut flos fœni.
Exaruit fœnum, et flos ejus cecidit..... (¹)

On pourrait donc croire que la destinée de Guillaume-le-Conquérant était d'être autant insulté
après sa mort, qu'il avait été redouté durant sa
vie. Mais quel nouveau sujet de réflexions sur l'in-
stabilité des grandeurs humaines c'eût été pour
le moine historien, s'il eût pu connaître les pro-
fanations auxquelles l'avenir condamnerait les
cendres du grand roi!

Guillaume-le-Roux, son second fils, à qui le
chemin du trône venait ainsi d'être ouvert, aussitôt arrivé en Angleterre, se hâta de remettre
à un orfèvre caennais, nommé *Othon*, une grande quantité d'or, d'argent et de pierreries tirés
du trésor royal avec ordre de les employer à or-
ner le tombeau de son père d'une manière digne
de lui. Fidèle aux commandements du roi, l'artis-

---

(1) Ordericus Vitalis, Hist. ecclesiasticæ, l. vij ; Duchesne, Hist.
Norm. Script. ant., p. 662, 663. — Blanchard, Abrégé chronologique
de l'Hist. de l'Abbaye de St-Etienne de Caen, p. 23 ; Manuscrit de la
bibl. de M. Mérite-Longchamp. — Depping, Hist. de la Normandie,
t. i, p. 165, 166.

te construisit un monument remarquable sous tous les rapports. (¹) Il consistait en une pierre tumulaire de marbre ou schiste noir, supportée par des pilastres en marbre blanc, et surmontée de la statue du duc couchée et revêtue de ses habits royaux. (²)

Comme on l'avait fait pour la reine, on songea à composer une épitaphe. Un concours s'ouvrit, à ce sujet, entre les littérateurs latins d'Angleterre et de Normandie. Plusieurs pièces de vers et de prose y furent présentées; mais, soit à cause de sa brièveté, soit, ce qui est plus probable, à cause de la dignité de son auteur, ce fut celle de *Thomas*, archevêque d'York, qui remporta le prix. (³) On croira d'autant plus facilement à cette

---

(1) Ordericus Vitalis, Hist. ecclesiasticæ, l. viij ; Duchesne, Hist. Norm. Script. ant., p. 663.—Dumoulin, Hist. générale de Normandie, p. 238.—Ducarel, Anglo-norman antiquities, p 51.—Aug. Thierry, Hist. de la conquête de l'Angleterre par les Normands, t. ij, p. 185, 186.—Visite au collége royal de Caen, p. 10.—Pugin and Lekeux, Architectural antiquities of Normandy, p. 38.—Depping, Hist. de la Normandie, t. i, p. 174.

(2) Ducarel, Anglo-norman antiquities, p. 51, 52.—Jolimont, Description hist. du département du Calvados, p. 34.—Visite au collége royal de Caen, p. 10.—Depping, Hist. de la Normandie, t. 1, p. 174.

(3) Ordericus Vitalis, Hist. ecclesiasticæ, l. viij; Duchesne, Hist. Norm. Script. ant., p. 663, 664.—Dumoulin, Hist. générale de Normandie, p. 238.—Ducarel, Anglo-norman antiquities, p. 52.—Lafrenaye, Nouvelle Hist. de Normandie, p. 375.—Aug. Thierry, Hist. de la conquête de l'Angleterre par les Normands, t. ij, p. 186.—Visite au collége royal de Caen, p. 10.

faveur accordée au rang du métropolitain plus qu'au mérite du poète, en lisant cette épitaphe remarquable seulement par son mauvais style et son obscurité : (1)

QUI REXIT RIGIDOS NORMANOS, ATQUE BRITANNOS,
 AUDACTER VICIT : FORTITER OBTINUIT,
ET CENOMENSIS VIRTUTE COERCUIT ENSES.
 IMPERIIQUE SUI LEGIBUS APPLICUIT.
REX MAGNUS PARUA IACET HAC GULIELMUS IN VRNA,
 SUFFICIT ET MAGNO PARUA : DOMUS DOMINO,
TER SEPTEM GRADIBUS SE VOLUERAT ATQUE DUOBUS,
 VIRGINIS IN GREMIO PHEBUS, ET HIC OBIIT.
     1087.

« Celui qui gouverna les farouches Normands,
» qui vainquit par son audace, et soumit par son
» courage les Bretons, qui, par sa bravoure, fit
» mettre bas les armes aux Manceaux, et les as-
» sujétit aux lois de son gouvernement, le grand
» roi Guillaume repose dans cette petite urne, et
» cette demeure étroite suffit pour contenir le

---

(1) Ordericus Vitalis, Hist. ecclesiasticæ, l. viij; Duchesne, Hist. Norm. Script. ant., p. 663. — De Bras, Recherches et Antiquitez de la ville de Caen, éd. 1588, p. 173. — Dumoulin, Hist. générale de Normandie, p. 238. — Ducarel, Anglo-Norman Antiquities, p. 52. — Lafrenaye, Nouvelle Hist. de Normandie, p. 375. — Jolimont, Description hist. du département du Calvados, p. 34. — Visite au collége royal de Caen, p. 10.

» maître d'une grande domination. Après que Phé-
» bus eut parcouru dans le sein de la Vierge trois
» fois sept et deux degrés, il mourut l'an 1087. »

A la fin du XVIe siècle, M. de Bras en donna cette traduction : (1)

> Ce roi, qui brusquement, rangea les fiers Normands,
>   Les Anglais et Manceaux sous les lois de justice :
> Ayant donné la loy aux vaincus et au vice,
>   Les tint sous son empire, en la vertu vivans.
> Son corps gist sous ce marbre, et son ame est à Dieu :
>   Après la mort suffist à grand roy petit lieu;
> Par vingt et trois degrez le soleil fist son cours,
>   Au giron de la Vierge, et il finit ses iours.
>   1087.

Une autre inscription en vieux vers français, gravés sur une plaque de cuivre doré, fut déposée avec le corps ; mais on présume, en la comparant à l'Oraison dominicale et aux autres prières du duc Guillaume, que ceux qui la trouvèrent à l'époque de la première ouverture du tombeau, n'ayant pu lire tous les mots qu'elle contenait, y suppléèrent par d'autres. (2) Aussi, ne la don-

---

(1) De Bras, Recherches et Antiquitez de la ville de Caen, éd. 1588, p. 173. — Lafrenaye, Nouvelle Hist de Normandie, p 376. — Jolimont, Description hist. du département du Calvados, p. 34.

(2) Léchaudé d'Anisy, Notes de la traduction des Antiquités anglo-

ET DE SES PROGRÈS. 191

nons-nous point ici pour un exemple bien exact de
la poésie du siècle, mais du moins comme pouvant la représenter sous certains rapports. (¹)

> Je, Guillaume, prince très-magnanime ^a,
> Duc de Neustrie, pareil à Charlemaigne,
> Passay le mer par un doux vent de sust
> Pour conquester toute la grand-Brétaigne;
> Puis desployer fis mainte noble enseigne
> Et dresser tentes et pavillons de guerre,
> Et ondrier ^b fis comme fil d'airaigne
> Neuf cent grands nefs. Si tot qui euz pied a terre,
> Et puis en armes, de là partis granderre
> Pour coups recenz au doubté roy Herault
> Dont comme preux j'euz toute la deferre,
> Non pas sans dur et marveilleux assaut;
> Pour bien jouster le desloyal ribault,
> Je mis à mort et soixante et sept mille
> Neuf cents dix-huit; et par ainsi d'un sault

---

normandes de Ducarel, p. 89. — Jolimont, Description hist. du département du Calvados, p. 35. — Visite au collége royal de Caen, p. 11.

(1) Chronique de Normandie, éd. 1610, f. 122. — Ducarel, Anglo-Norman Antiquities, p. 52. — Lafrenaye, Nouvelle Hist. de Normandie, p. 376. — Jolimont, Description hist. du département du Calvados, p. 35. — Visite au collége royal de Caen, p. 10.

^a VARIANTE. *Je, Guillaume très magnanime.*
^b VAR. *Fondrier.*

Fuz roi d'Anglois, tenant toute leur isle.
Or n'est il nul, tant soit fort et habile,
Qui, quand c'est fait, après ne se repose.
Mort m'a défaict. Que suis j'il? cendre vile.
De toute chose on jouit une pose.

« Moi, Guillaume, duc de Neustrie, prince
» très-magnanime, pareil à Charlemagne, je pas-
» sai la mer par un doux vent de sud pour con-
» quérir toute la Grande-Bretagne; je fis déployer
» mainte noble enseigne, dresser des tentes et
» des pavillons de guerre, et garnir neuf cents
» grands vaisseaux de frondes aussi nombreuses
» que les fils d'une toile d'araignée. Aussitôt que
» j'eus mis pied à terre, couvert de mes armes, je
» marchai en hâte au-devant de l'illégitime roi
» Harold, dont ma valeur m'assura les dépouilles;
» dans une lutte pénible et étonnante pour triom-
» pher de mon déloyal adversaire, je mis à mort
» cent soixante-sept mille neuf cent dix-huit des
» siens, et devins ainsi, d'un seul coup, roi des
» Anglais et maître de toute leur île. Or, il n'est
» personne, quelque fort et habile qu'il soit, qui
» ne se repose après sa tâche. La mort m'a abat-
» tu. Que suis-je maintenant? une vile cendre.
» De toute chose on ne jouit qu'un moment. »

Ce fut en 1522 que cette exhumation eut lieu. Pierre de Martigny, évêque de Castres et abbé de

Saint-Etienne, y fit procéder pour satisfaire la curiosité d'un cardinal, d'un archevêque et d'un évêque italiens, qui visitaient la ville de Caen. Après l'enlèvement de la pierre tumulaire, on découvrit, aussi bien conservé que s'il venait d'être déposé dans le sépulcre, le corps du roi, qui était d'une stature extraordinaire.

Afin de conserver la mémoire d'un fait aussi surprenant, on en fit exécuter sur bois le tableau par le meilleur peintre de la ville, et on le suspendit avec l'inscription ci-dessus au mur de l'église, vis-à-vis le cénotaphe, qui fut soigneusement refermé. (1) Mais en 1562, les calvinistes, dans l'espérance d'y rencontrer quelque trésor, après en avoir enlevé les ornements et cassé les sculptures, l'ouvrirent de nouveau, et n'y trouvant que les ossements du duc enveloppés dans un linceul de taffetas rouge, (2) à la sollicitation du lieutenant du

---

(1) De Bras, Recherches et Antiquitez de la ville de Caen, éd. 1588, p. 172. — Ducarel, Anglo-Norman Antiquities, p. 53. — Blanchard, Abrégé chronologique de l'hist. de l'abbaye de Saint-Etienne de Caen, p. 78; Manuscrit de la bibliothèque de M. Merite-Longchamp. — Jolimont, Description hist. du département du Calvados, p. 35. — Visite au collége royal de Caen, p. 11.

(2) De' Bras, Recherches et Antiquitez de la ville de Caen, éd. 1588, p. 170, 171 — Ducarel, Anglo-Norman Antiquities, p. 53. — Blanchard, Abrégé chronologique de l'hist. de l'abbaye de Saint-Etienne de Caen, p. 82 ; Manuscrit de la bibliothèque de M. Merite-Longchamp. — Visite au collége royal de Caen, p. 12.

bailly, l'historien de Bourgueville, les donnèrent à dom Michel de Cémalle, procureur de l'abbaye, (1) qui les conserva peu de temps; car Saint-Etienne ayant été saccagé quelques mois après, par les troupes de Coligny, et les moines ayant pris la fuite, les restes de Guillaume furent encore dispersés. Seulement, le sieur de la Mercerie, depuis lieutenant du vicomte de Falaise, obtint d'un des rebelles un os de la cuisse, qui était, ainsi qu'on le remarqua, de quatre doigts plus long que ceux des hommes de la plus grande taille. (2)

En l'année 1626, un second tombeau en forme d'autel, fut réédifié dans le chœur de l'église, par les soins de dom Jean de Baillehache, alors grand-prieur. Ce tombeau en marbre rouge et blanc, recouvert d'une pierre de marbre noir, portait du côté de la tête un écusson aux trois lions d'Angleterre et les deux lions de Normandie à l'extrémité opposée; les vers de 1088 étaient inscrits

---

(1) De Bras, Recherches et Antiquitez de la ville de Caen, éd. 1588, p. 171, 172. — Ducarel, Anglo-Norman Antiquities. p. 53. — Blanchard, Abrégé chronologique de l'hist. de l'abbaye de Saint-Etienne de Caen, p. 82, 83; Manuscrit de la bibliothèque de M. Merite-Longchamp. — Visite au collége royal de Caen, p. 12.

(2) De Bras, Recherches et Antiquitez de la ville de Caen, éd. 1588, p. 172. — Ducarel, Anglo-Norman Antiquities, p. 54. — Visite au collége royal de Caen, p. 12.

du côté nord, et du côté sud (1) se lisait l'épitaphe suivante : (²)

HOC SEPULCHRUM INVICTISSIMI JUXTA ET CLEMENTISSIMI CONQUESTORIS GULIELMI,
DUM VIVERET ANGLORUM REGIS, NORMANNORUM CENOMANORUMQUE PRINCIPIS,
HUJUS INSIGNIS ABBATIÆ PIISSIMI FUNDATORIS,
CUM ANNO MDLXII HERETICORUM FURORE DIREPTUM FUISSET, PRO
TANDEM NOBILIUM EJUSDEM ABBATIÆ RELIGIOSORUM GRATITUDINIS SENSU IN TAM BENEFICUM LARGITOREM,
INSTAURATUM FUIT ANNO DOMINI MDCXLII
DOMINO JOHANNE DE BAILLEHACHE ASCETORII PROTOPRIORE.
DD.

« Ceci est le tombeau de très-invincible et très-
» clément Guillaume-le-Conquérant, en son vi-
» vant roi des Anglais et prince des Normands
» et des Manceaux, très-pieux fondateur de cette
» fameuse abbaye, qui, ayant été dévastée l'an
» 1562 par la fureur des hérétiques, fut enfin, par

(1) Ducarel, Anglo-Norman Antiquities, p. 54.— Blanchard, Abrégé chronologique de l'hist. de l'abbaye de Saint-Etienne de Caen, p. 90 ; Manuscrit de la bibliothèque de M. Mérite-Louhchamp.—Visite au collége royal de Caen, p. 13.

(2) Ducarel, Anglo-Norman Antiquities, p. 54.— Blanchard, Abrégé chronologique de l'hist. de l'abbaye de St-Etienne-de-Caen, p. 90, 91. —Manuscrit de la bibliothèque de M. Mérite-Longchamp. — Jolimont, description hist. du département du Calvados, p. 32, 33. — Visite au collége royal de Caen, p. 13

» la reconnaissance des nobles religieux de ce mo-
» nastère envers un si généreux bienfaiteur, res-
» tauré l'an 1642, pendant que dom Jean de
» Baillehache en était grand-prieur. »

Plus tard, en 1742, sur l'autorisation qui en fut donnée par Louis XV à l'intendant de Caen, Arnauld de la Briffe, les restes de Guillaume-le-Conquérant furent transférés dans le sanctuaire, et on les recouvrit d'un simple marbre noir au niveau du sol, (1) qui portait cette unique inscription : (2)

REQUIESCEBAT IN SPE CORPUS BENEFICENTISSIMI
FUNDATORIS, QUUM A CALVINIANIS ANNO MDLXII
DISSIPATA SUNT EJUS OSSA. UNUM EX EIS A VIRO NOBILI
QUI TUM ADERAT RESERVATUM ET A POSTERIS ILLIUS
ANNO MDCLXII RESTITUTUM, IN MEDIO CHORO DEPOSITUM
FUERAT, MOLE SEPULCHRALI DESUPER EXTRUCTA. HANC
CEREMONIARUM SOLEMNITATE MINUS ACCOMMODATAM
AMOVERUNT MONACHI ANNO MDCCXLII, REGIO
FULTI DIPLOMATE, ET OS QUOD UNUM SUPERERAT

---

(1) Ducarel, Anglo-Norman Antiquities, p. 54. — Blanchard, Suite de l'Abrégé chronologique de l'hist. de l'abbaye de St-Etienne-de-Caen; Manuscrit de la bibliothèque de M. Galeron. — De la Rue, Essais hist. sur la ville de Caen, t. ij, p. 63. — Visite au collége royal de Caen, p. 13, 14.

2) Ducarel, Anglo-Norman Antiquities, p. 54. — Visite au collége royal de Caen, p. 14.

REPOSUERUNT IN CRYPTA PROPE ALTARE,
IN QUO JUGITER DE BENEDICTIONIBUS METET
QUI SEMINAVIT IN BENEDICTIONIBUS
FIAT FIAT.

« Le corps du très-bienfaisant fondateur repo-
» sait dans l'espoir de la résurrection, quand ses
» restes furent dispersés par les calvinistes l'an
» 1562, un de ces os, conservé par un personnage
» distingué qui assistait à cette profanation, fut
» restitué par ses descendants en 1662 et déposé
» au milieu du chœur, où un monument funèbre
» le recouvrit. Les moines, autorisés d'un diplô-
» me du roi, enlevèrent en l'an 1742, ce monu-
» ment comme peu commode à la solennité des
» cérémonies, et déposèrent l'os unique qui res-
» tait dans un caveau près de l'autel, où quicon-
» que aura semé dans la bénédiction, moisson-
» nera sans fin des bénédictions. Ainsi soit-il! Ain-
» si soit-il! »

Ainsi que celui de la reine Mathilde, brisé en 1793 par les révolutionnaires, ce modeste tombeau fut rétabli par les ordres du général Dugua, préfet du Calvados, avec une nouvelle pierre, (1) et les quelques mots qui suivent indiquant seulement le nom du prince et ses titres : ([2])

---

(1) Visite au collége royal de Caen, p. 14.
(2) Visite au collége royal de Caen, p. 8.

HIC SEPULTUS EST
INVICTISSIMUS
GUILLELMUS
CONQUESTOR ,
NORMANNORUM DUX
ET ANGLIÆ REX ,
HUJUS-CE DOMUS
CONDITOR ,
QUI OBIIT ANNO
MLXXXVII.

« Ici fut inhumé l'invincible Guillaume-le-Con-
» quérant, duc des Normands et roi d'Angleterre,
» fondateur de cette maison. Il mourut l'an
» 1087. »

Voilà par quelles vicissitudes a passé, pour arriver jusqu'à nos jours, le cadavre du duc Guillaume, de cet homme extraordinaire, qui, en résumant en lui une partie des vices de la grossière époque où il vivait, sut cependant la maîtriser et la diriger avec activité vers des améliorations constantes qui doivent presque faire pardonner chez lui au guerrier sanguinaire et despote. A coup sûr, celui qui séparerait les faits de leurs conséquences, ne verrait, dans le vainqueur de l'Angleterre, qu'un soldat barbare qui envoyait le poison là où son épée ne pouvait ou n'osait se montrer ; mais en examinant les choses de plus haut, cette teinte de férocité prend le caractère d'une courageuse intrépidité, indispensable pour faire réussir les grandes entreprises qui ont signalé le passage du héros dans le monde; cette politique artificieuse qui commença en quelque sorte la politique de certains états modernes, n'est plus considérée que comme l'expérience d'une vie commencée dans les combats et au milieu des piéges tendus par des ennemis acharnés, et si la postérité entend encore de loin les plaintes que le despotisme du roi excitait sans cesse autour de lui, la postérité aura cependant à remercier cette main de fer et ce génie puissant qui la dotèrent de monuments magnifiques et d'institutions durables.

CHAPITRE IV.

Robert-Courte-Heuse. — Malheurs sous son règne. — Les possessions de l'Abbaye de Caen pillées. — Robert projette d'envahir l'Angleterre. — Guerre contre Henri. — Prédications de Pierre l'ermite; Croisades. — Robert engage son duché à Guillaume-le-Roux et part pour la croisade. — Administration de Guillaume; sa mort. — Henri 1er s'empare de la couronne d'Angleterre. — Retour de Robert. Guerre entre les deux frères. — Caen mis en état de défense. — Robert-Fitz-Aimon fait prisonnier à Secqueville. — Trahison, reddition de Caen. — Entrevue de Cintheaux. — Bataille de Tinchebray. — Henri 1er, duc. — Paix en Basse-Normandie sous Henri Ier. Château et donjon de Caen. — Mort d'Henri Ier, ses funérailles.

1087 — 1135.

« J'ai accordé le duché de Normandie à mon fils
» aîné avant ma victoire sur Harold dans les plai-
» nes d'Hastings, avait dit Guillaume à son lit de
» mort; il a déjà reçu l'hommage de presque tous
» les barons du pays, cet honneur ne peut lui

» être ôté ; mais je sais, à n'en pas douter, que la
» contrée qui lui obéira sera malheureuse, car
» c'est un homme orgueilleux, insensé et désor-
» donné. (¹) »

1087. Robert-*Courte-Heuze* — il avait été ainsi surnommé à cause du peu de hauteur de ses bottes*—
ne tarda pas à justifier les prévisions que sa conduite antérieure avait inspirées à son père. A peine arrivé dans le duché, ses prodigalités pour se
conserver ses partisans et pour se gagner ses ennemis eurent bientôt épuisé les trésors, d'ailleurs
peu considérables, qui lui étaient échus en partage.
Il abandonna imprudemment aux seigneurs plusieurs de ses châteaux forts (²), et ferma les yeux
sur les injustices et les rapines dont ils se rendi-
rent coupables chaque jour, dès qu'ils virent rom-
pu, par la mort du conquérant, le frein qui les
retenait. En vain des cris s'élevèrent de toutes

---

(1) Ordericus Vitalis, Hist. ecclesiasticæ, lib. vij ; Duchesne,
Hist. Norm. Script. ant., p. 659. — Robert Wace, Roman de Rou,
éd. Pluquet, t. ij, p. 293. — Depping, Histoire de la Normandie,
t. i, p. 156, 157.

* *Heuze*, botte.

De cortes hoses ert hosez
E Corte-Hose ert appelez.
(*Wace*, *Roman de Rou.*)

(2) Ordericus Vitalis, Hist. ecclesiasticæ, lib. viij ; Duchesne,
Hist. Norm. Script. ant., p. 665. — Dumoulin, Hist. générale de Normandie, p. 242. — Goube, Hist. du duché de Normandie, t. i, p.
266. — Depping, Hist. de la Normandie, t. i, p. 180.

parts pour lui demander raison des brigandages et de la tyrannie des grands, son indolence ne lui permit pas de réprimer les désordres ; l'incendie, l'homicide, les vices les plus infâmes souillèrent ses états, et les plaintes du peuple ne parvinrent pas à le tirer de son apathie. Les représentations des prêtres, les excommunications lancées par les évêques demeurèrent sans effet contre des hommes qu'aucunes lois ne maintenaient plus dans la subordination. (1) Bientôt même disparut le respect dont le clergé avait su entourer comme d'une sauve-garde lui et ses propriétés.

Dès l'année de l'avènement de Robert, les abbayes de Caen ne purent se soustraire au pillage ; les biens qu'elles possédaient furent, les uns ravagés, les autres repris par ceux-là mêmes dont elles les avaient reçus, au moment de leur fondation, ou par leurs héritiers. Le paiement des redevances fut refusé, les grains et le bétail furent enlevés, les fermiers et les vassaux tués ou emprisonnés. Nous possédons encore un tableau curieux

---

(1) Ordericus Vitalis, Hist. ecclesiasticæ, l. iv ; Duchesne, Hist. Norm. Script. ant., p. 722. — Dumoulin, Hist. générale de Normandie, p. 242. — Hermant, Histoire du diocèse de Bayeux, p. 149, 150. — Goube, Hist du duché de Normandie, t. i, p. 266 et s. — Lafrenaye, Nouvelle hist. de Normandie, p. 385. — L'Art de vérifier les dates, éd. 1849, t. iv, p. 8, 9. — Sismondi, Hist. des Français, t. iv, p. 509. — Depping, Hist. de Normandie, t. i, p. 180.

et détaillé de toutes les déprédations exercées au préjudice de l'abbaye de Sainte-Trinité, et l'on y retrouve avec étonnement parmi les plus cruels spoliateurs, à côté d'un *Guillaume d'Evreux*, qui avait repris des vignes et des salines, d'un *Guillaume Bertrand*, qui, par trahison, avait fait prisonniers les vavasseurs de l'abbaye; d'un *Roger d'Avesnes*, d'un vicomte *Eudes*, d'un *Robert Pantolf*, voleur de bœufs, de chevaux et de moutons, le nom du propre frère du nouveau duc, le jeune *Henri*, préludant ainsi aux crimes qui le mirent et le maintinrent plus tard sur le trône par la ruine des terres données aux nonnes par sa mère. (1)

Il ne reste aucune trace des excès commis contre les moines de Saint-Etienne. Hommes, ils surent opposer probablement une résistance plus active et plus forte, et faire échouer la majeure partie des tentatives impies auxquelles leurs biens étaient exposés; cependant on ne voit pas après tous ces troubles, que l'abbaye de Sainte-Trinité fût devenue plus pauvre, et qu'elle eût beaucoup perdu de son éclat. Peut-être doit-on attribuer la cause de cette continuation de prospérité au gain d'un procès qui avait eu lieu en 1083, entre les moines et

---

(1) Chartularium Sanctæ Trinitatis Cadomi, bibl. reg, n° 5650.— L'art de vérifier les dates, éd. 1819, t. iv, p. 8, 9. — De la Rue, Essais hist. sur la ville de Caen, t. ij, p. 12, 13 et s. — Jolimont, description hist. du département du Calvados, p. 19.

les religieuses, et à la suite duquel Guillaume avait accordé à celles-ci de grands avantages sur leurs adversaires, en leur assignant une partie des revenus du Bourg-l'Abbé. (1)

Les liaisons, sinon franchement amicales, au moins politiques de Henri avec Robert, ne paraissent pas, malgré ces motifs graves, avoir éprouvé de refroidissement ; loin de là, l'intérêt de l'un et de l'autre ne tarda pas à les réunir. Guillaume-le-Roux était arrivé, par son habileté ou par l'intrigue, à la possession de la couronne d'Angleterre ; Robert, séduit par les promesses de l'évêque de Bayeux et des autres chefs enrichis par la conquête, médita le recouvrement d'un royaume qu'il jugeait devoir lui appartenir en raison de son droit d'aînesse ; (2) mais il avait besoin d'argent pour réussir, et ses griefs contre Henri ne l'empêchèrent pas d'échanger avec lui pour 3,000 liv. la propriété du Cotentin. (³) Ce fut à peu

(1) Gallia christiana, t. xi, Instrumenta Ecclesiæ Bajocensis, col. 75. —Blanchard, Abrégé chronologique de l'hist. de St-Etienne-de-Caen, p. 19 ; Manuscrit de la Bibliothèque de M Mérite-Longchamp.

(2) Guillelmus Gemmeticus, Hist. Normannorum, l. viij, ch. 2 ; Duchesne, Hist. Norm. Script. ant., p. 293 —Ordericus Vitalis, Hist. ecclesiasticæ, l viij ; Duchesne, Hist. Norm. Script. ant., p. 665, 666.— Dumoulin, Hist. générale de Normandie, p 243.— Sismondi, Hist. des Francais, t. iv, p. 505 — Depping, Hist. de la Normandie, t. i, p. 182.

(3) Ordericus Vitalis, Hist. ecclesiasticæ, l. viij ; Duchesne, Hist.

près à l'époque de ce marché, que Henri passant un dimanche à Caen avec une petite troupe d'amis, s'arrêta à l'église de Vaucelles pour entendre la messe, et que, charmé de la promptitude avec laquelle le curé de la paroisse s'était acquitté de ses fonctions, il en voulut faire son aumônier. (1) Ce prêtre, qui s'appelait *Roger*, devint plus tard évêque de Salisbury, chancelier d'Angleterre et régent du royaume en l'absence du roi.

Soutenu par l'argent de son frère, le duc de Normandie, aidé, en outre, d'Eustache, comte de Boulogne, et du comte de Mortain, ses oncles, qui s'étaient emparés en son nom de Rochester et de quelques autres châteaux dans le comté de Kent, (2) eût pu, en mettant un peu de promptitude dans l'exécution de son dessein, triompher des obstacles que lui opposait un prince considéré, par un grand nombre de ses sujets, comme un

---

Norm. Script. ant, p. 665. — Robert Wace, Roman de Rou, éd Pluquet, t. ij, p. 306. — Chronique de Normandie, éd. 1610, f. 125 — Dumoulin, Hist. générale de Normandie, p. 243. — Goube, Hist. du duché de Normandie, t. i, p. 267. — Sismondi, Hist des Français, t. iv, p. 503. — Depping, Hist. de la Normandie, t. i, p. 183, 184.

(1) De la Rue, Essais historiques sur la ville de Caen, t. 1, p. 293.

(2) Ordericus Vitalis, Hist. ecclesiasticæ, l. viij ; Duchesne, Hist. Norm. Script. ant., p. 667. — Dumoulin, Hist. gén. de Normandie. p. 243. — Goube, Hist. du duché de Normandie, t. i, p. 266. —, Sismondi, Hist des Français, t. iv, p. 504.

usurpateur, et qui, sous aucun rapport, n'avait mérité ni leur amour ni leur estime. Il n'en fut pas ainsi ; les sommes reçues furent follement dépensées, (1) Guillaume reprit ses places, en chassa les défenseurs heureux d'abandonner l'Angleterre avec leurs vies sauves, (2) et profita de l'intermédiaire de Philippe, roi des Français, pour conclure, à Caen, un traité avec Robert, par lequel celui-ci lui cédait Fécamp et plusieurs autres forteresses, et s'alliait avec lui pour reprendre à Henri le Cotentin et se le partager. (3)

Le plus jeune des fils de Guillaume-le-Bâtard, chassé de retranchement en retranchement, fut donc forcé de se réfugier en France, après avoir vigoureusement tenu pendant quinze jours au Mont-Saint-Michel, (4) et les deux princes victo-

---

(1) Ordericus Vitalis, Hist. ecclesiasticæ, l. viij ; Duchesne, Hist. Norm. Script. ant., p. 667. — Sismondi, Hist. des Français, t. iv, p. 504. — Depping, Hist. de la Normandie, t. i, p. 188.

(2) Ordericus Vitalis, Hist. ecclesiasticæ, l. viij ; Duchesne, Hist. Norm. Script. ant, p 668. — Goube, Hist. du duché de Normandie, t. 1, p. 270. — Sismondi, Histoire des Français, t. iv, p. 504. — Depping. Hist. de la Normandie, t. I, p. 188.

(3) Guillelmus Gemmeticus, Hist Norm., l. viij, c. 3 ; Duchesne, Hist. Norm. Script. ant., p. 293 et 294.

(4) Ordericus Vitalis, Hist. ecclesiasticæ, l. viij; Duchesne, Hist. Rom Script ant., p. 697. — Robert Wace, Roman de Rou, éd Pluquet, t. ij, p. 316, 317. — Dumoulin, Hist. gén. de Normandie, p. 259. — Goube, Hist. du duché de Normandie, t. i, p. 285. — Sismondi, Hist. des Français, t. iv, p. 543. — Depping, Hist de la Normandie, t. i, p. 235, 236.

rieux se séparèrent, l'un pour se rendre à Londres, et l'autre pour faire reposer son armée à Caen, (1) d'où il partit pour Rouen quelques jours après.

Cette guerre honteuse terminée, le duc recommença sa vie insouciante : s'entourant de courtisans avides, de bouffons et de prostituées, il se laissa dépouiller par eux, leur permettant de lui voler jusqu'à ses vêtements. (2) Pendant ce temps, les barons recommençaient leurs attaques contre le faible, et s'avançaient jusque sur le domaine ducal, qu'ils dépouillaient sans trouver d'opposition. (3) Quelques seigneurs cherchèrent seuls un plus noble but à l'emploi de leur courage, et allèrent offrir les secours de leurs bras à Guillaume-le-Roux : au milieu de ces braves, se distingua Robert Fitz Hamon, baron de Creully et de Thorigny, qui aida puissamment le roi d'Angleterre dans la

_____

(1) Robert Wace, Roman de Rou, éd. Pluquet, t. xi, p. 318.

(2) Ordericus Vitalis, Hist ecclesiasticæ, l. x ; Duchesne, Hist. Norm. Script. ant, p. 786, et l. xi, p 815. — Dumoulin, Hist. gén. de Normandie, p. 292. — Dumesnil, Chroniques neustriennes, p. 102. — Depping, Hist de la Normandie, t. i, p. 309.

(3) Ordericus Vitalis, Hist. ecclesiasticæ, l. viij ; Duchesne, Hist. Norm. Script. ant., p 664. — Dumoulin, Hist. générale de Normandie, p. 242, 243. — Sismondi, Hist. des Français, t. iv, p. 509. — Depping, Hist. de la Normandie, t. 1, p. 480.

conquête du Glamorganshire, et en fut recompensé par le titre de comte de Glocester. (¹)

Aux calamités causées par les hommes vinrent se joindre encore la famine et les maladies épidémiques. (²)

La province était perdue si un événement, préparé par les mœurs générales, n'eût tout-à-coup fait diversion. Tous ces gens, qui ne reculaient devant aucun crime, n'en avaient pas moins une foi ardente aux dogmes de la religion. Souvent le remords les forçait d'avoir recours aux prêtres; mais ceux-ci, convaincus par l'expérience que les pénitences ordinaires seraient sans effet pour l'avenir, et que les expiations seraient suivies de nouveaux égarements, avaient pris l'habitude, dès avant le XIe siècle, de substituer aux peines canoniques l'obligation des voyages à la Terre-Sainte. (³) La Normandie ne fut pas la dernière à entrer dans cette voie ; ses premiers ducs montrèrent l'exemple, et, guidés par la piété ou par l'orgueil, envoyèrent de l'argent pour la fondation et l'entretien d'hospices

---

(1) De la Rue, Essais hist. sur la ville de Caen, t. ij, p. 398.

(2) Dumoulin, Hist. générale de la Normandie, p. 264 — Depping, Hist. de la Normandie, t. i, p. 252

(3) Michaud, Hist. des croisades, t. i, p. 43. — Sismondi, Hist. des Français, t. iv, p. 116, 117 et 524 et s. — Capefigue, Essai sur les invasions maritimes des Normands, p. 359 et s.

destinés aux Chrétiens voyageurs. (¹) Ces pélerinages augmentèrent donc en raison de la protection qui leur était accordée ; les grands d'abord, puis le peuple, s'acheminèrent vers le tombeau du Christ ; les excursions lointaines devinrent un besoin à mesure que ceux qui en revenaient racontaient les périls qu'ils avaient courus, les aventures qui leur étaient arrivées. (²) Cependant les Turcs, qui, dans l'origine, avaient accueilli avec une sorte de faveur ceux que l'envie de se sanctifier amenait en Palestine, ne tardèrent pas à s'alarmer en les voyant arriver en troupes nombreuses et continuelles ; les vexations qu'ils commencèrent à opposer à leurs hôtes incommodes, loin d'obtenir les résultats qu'ils en attendaient, ne firent qu'accroître chez ceux-ci l'importance qu'ils attachaient à leurs courses religieuses, par l'idée du martyre, toute puissante sur leurs esprits fanatiques, et leur résistance eut rapidement changé quelques dispositions malveillantes en persécution ouverte. (³)

(1) Raoul Glaber, Chronique ; Guizot, Collection des Mémoires relatifs à l'hist. de France, t. vi. — Michaud, Hist. des croisades, t. i, p. 47, 48.

(2) Michaud, Hist. des croisades, t. i ; consulter surtout les notes de ce volume à partir de la page 485 jusqu'à la page 535. — Michaud, Bibliographie des croisades, t. 1, p. 139 et s., et 289. — Sismondi, Hist. des Français, t. iv, p. 524.

(3) Ordericus Vitalis, Hist. ecclesiasticæ, l. ix ; Duchesne, Hist.

Sur ces entrefaites parut un homme, *Pierre l'Ermite*, qui, témoin et victime lui-même des injustices et de l'insolence des Infidèles, prit la résolution d'y mettre un terme. Un courage éprouvé, une ame ardente, une éloquence passionnée, une ferveur poussée jusqu'à l'exaltation, étaient les uniques moyens qu'il espérait mettre en jeu. (¹) Il revint promptement en Europe, et, s'imposant la mission d'un apôtre, alla de pays en pays et de ville en ville, prêchant aux multitudes assemblées la délivrance de leurs frères d'Orient. (²) Le pape *Urbain II*, qui d'abord n'avait pas attaché une grande importance au projet de Pierre, voyant avec quel entraînement l'enthousiasme qui l'animait s'était communiqué à tous, crut utile aux desseins de sa politique de seconder le prédicateur en l'appuyant de toute l'influence attachée à son caractère pontifical, et en ajoutant de cette manière à la réputation de sainteté qui l'entourait. Il convoqua un synode à Clermont en Auvergne, où s'assemblèrent près de deux cent cinquante évêques

1095-1096.

Norm. Script. ant., p. 720. — Jacobus Bongarsius, Gesta Dei per Francos, passim. — Michaud, Hist. des croisades, t. i, p 60 et s., et 65 et s.

(1) Annæ Comnenæ Alexiados, l. x, p. 284, éd. Paris. — Michaud, Hist. des croisades, t. i, p. 80. — Sismondi, Hist. des Français, t. iv, p. 526.

(2) Michaud, Hist. des croisades, t. i, p. 84. — Sismondi, Hist. des Français, t. iv, p. 527.

et archevêques, plusieurs milliers de chevaliers, et une foule immense d'hommes et de femmes. Là, l'impression que produisirent ses paroles et celles de l'Ermite fut si profonde, que les assistants, à genoux et fondant en larmes, comme si une seule pensée les dominait, jurèrent d'exterminer la race des Musulmans, et coururent aux armes en criant : « Dieu le veut! Dieu le veut! » expressions sacrées, qui devinrent plus tard le cri de ralliement des croisés. (1)

Robert ne fut pas un des derniers à s'enrôler dans la croisade.—C'est ainsi qu'on appela l'expédition, à cause de la croix rouge que les Chrétiens, pour se reconnaître entre eux, portèrent sur leurs vêtements. (2) — Si ce prince était faible et indécis dans son gouvernement, s'il manquait de l'intelligence nécessaire pour mener à bien l'administration de ses affaires, il n'en était pas moins brave, et dans chaque occasion qui s'était présentée à lui de montrer la valeur d'un guerrier, il avait donné des preuves d'une bravoure digne de

---

(1) Ordericus Vitalis, Hist. ecclesiasticæ, l. ix ; Duchesne, Hist. Norm. Script ant., p. 720. — Jacobus Bongarsius, Gesta Dei per Francos, passim. — Martene, Amplissima collectio, passim. — Sismondi, Hist. des Français, t. iv, p. 532.

(2) Jacobus Bongarsius, Gesta Dei per Francos, passim. — Michaud, Hist. des croisades, t. i, p. 404.—Sismondi, Hist. des Français, t. iv, p. 534.

sa naissance, et ses exploits comme soldat l'avaient placé au premier rang parmi les chevaliers (1).

L'engagement qu'il avait contracté à Clermont ne trouva pas d'opposition au sein de son conseil. On connaissait son intention de remettre la conduite du duché à Guillaume-le-Roux, et le roi d'Angleterre, rude, sévère, et par fois injuste, savait après tout imposer sa loi à ses vassaux et faire respecter ses décrets. (2) Robert Courte-Heuze partit donc, après avoir engagé la possession et la gérance de son patrimoine pendant cinq ans pour 10,000 marcs d'argent, que son frère lui prêta, (3) et il emmena à sa suite la plupart des hommes actifs et turbulents de la contrée, au nombre desquels on remarquait *l'évêque de Bayeux*, les seigneurs *d'Harcourt*, de *Préaux*, de *Tilly*, de *Hottot*, de *Tournebu*, de *Creully*, de *Villers*, *d'Argences*, de *Saint-Aignan*, *d'Amfréville*, de

---

(1) Ordericus Vitalis, Hist. ecclesiasticæ, l. ix ; Duchesne, Hist. Norm. Script. ant., p. 723 — Dumoulin, Hist. générale de Normandie, p. 265 — Sismondi, Hist. des Français, t. iv, p. 509

(2) Ordericus Vitalis, Hist. ecclesiasticæ, l. ix ; Duchesne, Hist. Norm. Script. ant., p 723. — Dumoulin, Hist. générale de Normandie, p. 265 — Sismondi, Hist. des Français, t. iv, p. 540 — Depping, Hist. de la Normandie, t. i, p. 257, 258.

(3) Ordericus Vitalis, Hist. ecclesiasticæ, l ix ; Duchesne, Hist. Norm Script. ant., p 723 ; l x, p. 764, 765 — Dumoulin, Hist. générale de la Normandie, p 265 — Sismondi, Hist. des Français, t. iv, p. 546. — Depping, Hist. de la Normandie, t. i, p. 258.

Mathan, de *Clinchamps*, de *Vieux*, de *Fontenay*, etc., etc., etc., (¹) et le chapelain du duc, *Arnoul de Rohés*, surnommé *Malcouronne*, * à cause de l'irrégularité de sa vie, qui abandonna l'école littéraire qu'il dirigeait à Caen (2) pour le patriarchat de Jérusalem. (³)

La Normandie se trouvant de la sorte soulagée par l'absence de tous ceux qui l'opprimaient, sentit renaître peu à peu la tranquillité et le repos. Guillaume était immédiatement passé sur le continent, et les seigneurs que la guerre sainte n'avait pas enlevés étaient tous venus lui faire hommage. (⁴) Le roi avait débuté par se réconcilier avec Henri,

---

(1) Dumoulin, Hist. générale de Normandie, p. 265, et même ouvrage, catalogue des seigneurs de Normandie qui furent en la conquête de Jerusalem, sous Robert-Courte-Heuze. — Sismondi, Hist. des Français, t. iv, p. 546. — Depping, Hist. de la Normandie. t. i, p. 259.

* *Malcouronne :* Mauvaise couronne, Mauvaise tonsure.

(2) Martene, Thesorus novus anecdotorum. — Michaud, Bibliographie des croisades, t. i, p. 314. — De la Rue, Essais hist. sur la ville de Caen, t. ij, p. 123.

(3) Michaud, Hist. des croisades, t. i, p. 431 — Michaud, Bibliographie des croisades, t. i, p. 314. — De la Rue, Essais hist sur la ville de Caen, t ii, p 123 et 306.

(4) Ordericus Vitalis, Hist. ecclesiasticæ, l. x ; Duchesne, Hist. Norm. Script. ant., p. 764, 765. — Guillelmus Gemmeticus, Hist. Normannorum, l. viij, c vij ; Duchesne, Hist. Norm. Script. ant., p. 295. — Chronique de Normandie, éd. 1610, f. 127. — Dumoulin, Hist. générale de Normandie, p 265. — Depping, Hist de la Normandie, t. i, p. 257, 258 et 261, 262.

et, pour sceller leurs nouvelles promesses d'amitié, lui avait concédé entièrement le Cotentin, le Bessin et la citadelle de Caen. (1) Profitant ensuite des bonnes dispositions des comtes, il chercha à donner une direction à leurs esprits remuants. Il employa les cinq ans de sa gestion à reconquérir les terres que la faiblesse de Robert lui avait fait perdre, et il reprit le Mans sur Hélie de la Flèche. (2) Cependant cette conquête ne s'effectua pas sans de grandes difficultés, et il est présumable qu'il n'eût pas manifesté un intérêt si puissant pour le rétablissement du duché dans son intégrité s'il se fût agi seulement de le conserver à son possesseur légitime ; d'autres idées dirigeaient sa conduite. N'ayant réussi à reprendre le Mans qu'en 1099, inquiet du retour imminent de Courte-Heuze, Jérusalem étant prise, et ne pressentant qu'avec peine l'heure où il serait forcé de lui restituer la couronne ducale, il se préparait à conserver, par une résistance opiniâtre, le gage

1099.

---

(1) Guillelmus Gemmeticus, Hist. Normannorum, l. viij, c. vij ; Duchesne, Hist. Norm. Script. ant., p. 295.

(2) Ordericus Vitalis, Hist. Ecclesiasticæ, l. x ; Duchesne, Hist Norm. Script. ant., p. 774. — Guillelmus Gemmeticus, Hist. Normannorum, l. viij ; Duchesne, Hist. Norm. Script. ant., p. 295, 296. — Robert Wace, Roman de Rou, éd. Pluquet, t. ij, p. 333. — Chronique de Normandie, éd. 1610, f 129. — Dumoulin, Hist. générale de Normandie, p. 268. — Sismondi, Hist. des Français, t. iv, p. 556. — Depping, Hist. de la Normandie, t. i, p 267, 268.

qu'il en avait reçu, et il assemblait une armée formidable et une grande flotte dans ses ports d'Angleterre, (¹) lorsqu'il fut percé à la chasse d'une flèche qu'un de ses familiers dirigeait contre un cerf. (²)

A peine était-il mort, que Henri, son jeune frère, courait au château de Winchester, s'emparait de vive force des clés du trésor royal, et, au détriment de son aîné, achetait les suffrages des Anglais et des gens de guerre qui le couronnèrent trois jours après l'événement, (3) un mois avant l'arrivée de Robert en Normandie.

Celui-ci, après s'être couvert de gloire contre

---

(1) Ordericus Vitalis, Hist. ecclesiasticæ, l. x ; Duchesne, Hist. Norm. Script. ant., p. 781. — Sismondi, Hist. des Français, t. iv, p. 560

(2) Ordericus Vitalis, Hist. ecclesiasticæ, l. x ; Duchesne Hist. Norm Script ant., p. 782. — Guillelmus Gemmeticus, Hist. Normannorum, l. viij, c. ix ; Duchesne, Hist. Norm. Script. ant., p. 296 — Robert Wace, Roman de Rou, éd. Pluquet, t. ij, p. 340, 341. — Chronique de Normandie, éd. 1610, f. 131. — Dumoulin, Hist. générale de Normandie, p 272. — Sismondi, Hist des Français, t. iv, p 562 — Depping, Hist. de la Normandie, t. i, p. 278.

(3) Ordericus Vitalis, Hist. ecclesiasticæ, l. x ; Duchesne, Hist. Norm Script. ant., p. 783. — Guillelmus Gemmeticus, Hist. Normannorum, l. vij, c. ix ; Duchesne, Hist. Norm. Script ant., p 296. — Robert Wace, Notes de M. A Lepévost au Roman de Rou, éd. Pluquet, t. ij, p 345 — Chronique de Normandie, éd 1610, f. 132 — Dumoulin, Hist. générale de Normandie, p. 273. — Depping, Hist de la Normandie, t. i, p. 282.

les Infidèles, en combattant à la tête des croisés à Nicée, à Dorylée, sous les murailles d'Antioche, en montant un des premiers à l'assaut des remparts de la cité de Dieu, en refusant la couronne de Jérusalem, en ravissant aux troupes sarrasines, dans les plaines d'Ascalon, le grand étendard du Soudan, (¹) revint dans le courant du mois de septembre de l'année 1100; (²) mais il arriva trop tard pour recueillir l'héritage vacant par la mort de Guillaume, et pe dit, pour la seconde fois, un sceptre auquel lui donnait accès sa qualité de premier né.

Toutefois, l'état prospère dans lequel il retrouva sa province, la popularité que lui valurent ses triomphes en Orient, (³) les transports d'admiration du clergé à la vue des pierres enlevées aux montagnes du Calvaire et du Saint-Sépulcre, à la crèche de Bethléem, à la colonne où Jésus fut

---

(1) Jacobus Bongarsius, Gesta Dei per Francos, passim. — Martene, Amplissima collectio, passim. — Robert Wace, Roman de Rou, éd. Pluquet, t. ij, p. 222, 223. — Dumoulin, Hist. générale de Normandie, p. 265 — Michaud, Hist. des croisades, t. i.

(2) Ordericus Vitalis, Hist. ecclesiasticæ, l. x ; Duchesne, Hist. Norm. Script. ant., p. 784. — Dumoulin, Hist générale de Normandie, p 272. — Sismondi, Hist. des Français, t. iv, p. 560. — Depping, Hist. de la Normandie, t i, p 286.

(3) Ordericus Vitalis, Hist ecclesiasticæ, l. x ; Duchesne, Hist. Norm. Script. ant., p. 784 — Dumoulin, Hist. générale de Normandie, p. 265 — Michaud, Hist. des croisades, t. i, p. 452. — Sismondi, Hist. des Français, t. iv, p. 560.

attaché chez Pilate, de celles roulées par le torrent du Cédron et le fleuve du Jourdain, et des autres reliques rapportées par lui et ses compagnons, et exposées, dans l'église Saint-Jean de Caen, à la vénération des Chrétiens ; (1) l'exaltation générale en face de l'étendard d'Ascalon, que sa piété suspendit dans l'église abbatiale fondée par sa mère, (2) toutes ces causes réunies l'empêchèrent d'abord de comprendre l'étendue de la perte qu'il venait de faire. Cependant ses dépenses ayant recommencé avec la cessation de la guerre, la pénurie d'argent le fit s'apercevoir de l'insuffisance des revenus de ses états, et, pour continuer sa vie voluptueuse, il reporta ses vues vers la Grande-Bretagne, au gouvernement de laquelle il se croyait encore en droit de prétendre.

1101.

Espérant follement se rendre maître des conquêtes de son père, il passa, dans l'automne de 1101 le détroit de la Manche, et vint avec ses partisans s'établir à Winchester; mais Henri profitant de la connaissance qu'il avait du génie vacillant de son frère et de son constant besoin

---

(1) Michaud, Hist. des croisades, t. i, p. 28 et 449. — De la Rue, Essais hist. sur la ville de Caen, t. ij, p. 256.

(2) Robert Wace, Roman de Rou, éd. Pluquet, t. ij, p. 222, 223. — Chronique de Normandie, éd. 1610, f. 127. — De la Rue, Essais hist. sur la ville de Caen, t. ij, p. 8. — Jolimont, Description hist. du département du Calvados, p. 20.

d'argent, sut tourner à son profit la démarche de Robert, et tentant sa cupidité par la promesse d'une pension de 4,000 marcs, parvint à le faire renoncer à ses prétentions. (1) Le duc de Normandie perdit par cet acte imprudent l'occasion de recouvrer son patrimoine, et n'obtint aucun des bénéfices qu'il semblait s'être assurés, car l'année suivante, comme il était retourné en Angleterre au sujet de nombreuses réclamations qu'il voulait faire pour ses barons auxquels leurs fiefs d'outre-mer avaient été saisis par l'ordre du roi, celui-ci le contraignit par des menaces d'emprisonnement, de renoncer à la somme qui devait lui être payée tous les ans (^{2}), et le renvoya honteusement dans son duché.

Ces pertes successives n'avaient pas rendu Robert plus sage ; indifférent à ce qui se passait, enseveli qu'il était dans sa mollesse habituelle et dans les plaisirs de toute sorte, il laissa les grands dé-

---

(1) Guillelmus Gemmeticus, Hist. Normannorum, l. viij. c. 12; Duchesne, Hist. Norm. Script. ant., p. 297, 298.—Ordericus Vitalis, Hist. ecclesiasticæ, l x ; Duchesne, Hist. Norm. Script. ant., p. 788. — Dumoulin, Hist. gén. de Normandie, p. 276. — Depping, Hist. de la Normandie, t. i, p. 293, 294.

(2) Guillelmus Gemmeticus, Hist. Normannorum, l. viij, c. xij ; Duchesne, Hist. Norm. Script. ant., p. 298. — Ordericus Vitalis, Hist. ecclesiasticæ, l. xi ; Duchesne, Hist. Norm Scrip. ant., p. 804, 805. — Robert Wace, Roman de Rou, éd. Pluquet, t. ij, p. 372. —Dumoulin, Hist. gén. de Normandie, p. 278. — Depping, Hist. de la Normandie, t. i, p. 299.

chirer de nouveau sa province dans des querelles privées, et imposer à leurs serfs respectifs des rançons excessives, à ce point qu'ils s'enfuirent en France avec leurs femmes et leurs enfants (1), et délaissèrent leurs champs qui, au dire d'Orderic Vital, « furent convertis en déserts, et n'offrirent » plus, à la place d'ondoyantes moissons, que des » chardons et des épines. » (²)

Un tel état de choses devait enfin avoir un terme : ceux-là mêmes qui avaient le plus gagné à l'anarchie commençaient à s'en fatiguer, et Henri, délivré des inquiétudes qui l'avaient agité du côté de la Grande-Bretagne, dirigeait ses vues vers la Normandie. Un voyage qu'il y fit en 1104 attira auprès de lui tous les membres du clergé et tous les vassaux possesseurs de fiefs dans son royaume (³), qui, accourus pour lui faire leur cour, l'assurèrent de leur dévouement, et qu'à son premier signal, ils prendraient les armes et soumettraient le duché à sa domination.

---

(1) Ordericus Vitalis, Hist. ecclesiasticæ, l. xi ; Duchesne, Hist. Norm. Script. ant., p. 814, 845. — Sismondi, Hist des Francais, t. v, p. 39, 40. — Depping, Hist. de la Normandie, t. i, p. 304, 305.

(2) Ordericus Vitalis, Hist ecclesiasticæ, l. xi; Duchesne, Hist. Norm. Script. ant, p. 814.

(3) Ordericus Vitalis, Hist. ecclesiasticæ, l xi ; Duchesne, Hist. Norm. Script ant., p. 813 et 815 — Sismondi, Hist. des Francais, t v, p. 44 et s. ;—Depping, Hist. de la Normandie, t. i, p. 302, 303 et 305 et s.

www.ingramcontent.com/pod-product-compliance
Lightning Source LLC
Chambersburg PA
CBHW070533170426
43200CB00011B/2406